JOSÉ EDUARDO FARIA
(Organizador)

CB080605

DIREITO E GLOBALIZAÇÃO ECONÔMICA: IMPLICAÇÕES E PERSPECTIVAS

1ª edição,
4ª tiragem

MALHEIROS EDITORES

DIREITO E GLOBALIZAÇÃO ECONÔMICA: IMPLICAÇÕES E PERSPECTIVAS

© José Eduardo Faria (Organizador)

1ª edição, 1ª tiragem: 03.1996; 2ª tiragem: 03.1998;
3ª tiragem: 01.2010.

ISBN 978.85.7420-036-0

Direitos reservados desta edição por
MALHEIROS EDITORES LTDA.
Rua Paes de Araújo, 29, conjunto 171
CEP 04531-940 — São Paulo — SP
Tel.: (11) 3078-7205
Fax: (11) 3168-5495
URL: www.malheiroseditores.com.br
e-mail: malheiroseditores@terra.com.br

Composição
Frase Editora Ltda.

Capa
Vânia Lúcia Amato

Impresso no Brasil
Printed in Brazil
01.2015

SUMÁRIO

INTRODUÇÃO

Alimentada por uma revolução tecnológica contínua, a globalização econômica tornou-se um fato. Vencida a fase inicial do desafio da integração dos mercados, vive-se agora a fase dos seus desdobramentos institucionais e jurídicos: Qual o papel dos Estados nacionais nesse novo cenário ? Qual a eficácia e qual o alcance de seus instrumentos legais ? O que esperar do direito positivo em sua versão normativista convencional, com suas regras hierarquizadas por meio de critérios lógico-formais, em contextos cada vez mais complexos, mutáveis e policêntricos ? Se a conversão das economias nacionais num sistema mundial único está conduzindo ao redimensionamento do princípio da soberania nacional, qual o futuro das *Constituições-dirigentes*, aquelas que, além de consistirem num estatuto organizatório definidor de competências e regulador de processos, atuam também como uma espécie de "estatuto político" dos Estados intervencionistas, estabelecendo o que (como e quando) o legislador e os governantes devem fazer para a concretização das diretrizes programáticas constitucionais?

Os textos reunidos nesta coletânea têm por objetivo responder a essas indagações. Seu ponto de partida é o impacto causado pela revolução tecnológica e pela globalização econômica sobre o sistema jurídico-positivo forjado a partir dos pilares institucionais do Estado de Direito de inspiração liberal-clássica, dos quais se destacam o princípio da soberania nacional, a idéia de Constituição e o primado do equilíbrio entre os poderes. Originariamente destinado a conter o absolutismo dos primeiros tempos do Estado moderno, cujo principal traço característico é o monopólio do uso da violência, por parte do despotismo esclarecido, o primado do equilíbrio dos poderes atribui a titularidade da iniciativa legislativa a parlamentos soberanos, restringe o campo de ação do Executivo aos limites estritos da lei e confere ao Judiciário a competência exclusiva para julgar e dirimir conflitos. Deste modo, embora o Estado detenha o poder total, ele não pode exercê-lo de modo absoluto. Como antítese do regime arbitrário o constitucionalismo cristalizou essa importante obra de engenharia jurídico-política, garantindo as chamadas "liberdades públicas", assegurando os "direitos fundamentais" e assim moldando as feições institucionais da democracia representativa.

Na sua matriz liberal-clásssica, a democracia representativa pode ser vista como uma técnica que visa absorver, por meio de seus procedimentos eleitorais, legislativos, decisórios e adjudicantes, as diferentes demandas e os distintos anseios de sociedades pluralistas. Seus elementos estruturais básicos, como a regra de maioria e a soberania popular, dependem da harmonia e da intercomplementariedade de poderes interdependentes. Graças a essa engenhosa diferenciação funcional entre os sistemas normativos políticos, sob a forma de um sistema de freios e controles do poder, o projeto jurídico-político do constitucionalismo conseguiu enfrentar a crescente complexidade sócio-econômica do século XIX, propiciando segurança e legitimidade num período histórico em que as profundas mudanças deflagradas pelo desenvolvimento capitalista puseram abaixo as estruturas sócio-econômicas até então prevalecentes. Desde a secularização do conhecimento, no século XVII, e a revolução industrial, no século seguinte, a ordem político-institucional da aristocracia vinha perdendo energia e eficácia, enquanto uma emergente burguesia mercantil cada vez mais exigia dispositivos formais capazes de estabelecer equilíbrios duradouros entre o poder do Estado e a liberdade dos cidadãos, entre o poder central e os poderes locais.

Surgidos na dinâmica das revoluções burguesas do século XVIII, como a inglesa, ocorrida em 1688, a norte-americana em 1766, e a francesa, em 1789, o constitucionalismo e a teorização jurídico-normativista que posteriormente lhe serviu de suporte ideológico, identificando ordenamento jurídico e Estado, ofereceram esses dispositivos formais, consolidando a idéia de Estado Democrático de Direito como um dos conceitos políticos fundamentais do mundo moderno. Trata-se de um Estado resultante de um determinado padrão histórico de relacionamento entre o sistema político e a sociedade civil, institucionalizado por intermédio de um ordenamento jurídico-constitucional desenvolvido e consolidado em torno de um conceito de poder público em que se diferenciam a esfera pública e o setor privado, os atos de império e os atos de gestão, o sistema político-institucional e o sistema econômico, o plano político-partidário e o plano político-administrativo, os interesses individuais e o interesse coletivo.[1]

1. Cf. Richard B. Morris, *Witnesses at the creation*, New York, Henry Holt, 1985; Gianfranco Poggi, *The development of the modern State*, Londres, Hutchinson, 1978; e José Joaquim Gomes Canotilho, *Constituição-dirigente e vinculação do legislador: contributo para a compreensão das normas constitucionais programáticas*, Coimbra, Almedina, 1982.

Elemento básico do constitucionalismo e do primado do equilíbrio entre os poderes, esse padrão de relacionamento começou a apresentar problemas operacionais com a expansão das lutas sindicais, na passagem do século XIX para o século XX, entrando definitivamente em colapso com a crise estrutural do sistema financeiro do capitalismo concorrencial, na década de vinte deste século. Diante da necessidade de respostas cada vez mais rápidas e eficazes a questões econômicas, administrativas, comerciais e financeiras concretas não previstas (e por isso mesmo não regulamentadas) pelo ordenamento jurídico-constitucional de inspiração liberal-clássica, o Executivo teve gradativamente de assumir parte das funções até então detidas pelo Legislativo e pelo Judiciário. E com a decrescente capacidade autoreguladora do mercado, o Executivo terminou exercendo um papel simultaneamente controlador, diretivo, coordenador, indutor e planejador. Ou seja: de simples provedor de serviços básicos, no século XIX, ele passou até mesmo a atuar como produtor direto de bens e serviços, chegando, na segunda metade do século XX, ao ponto de se tornar árbitro dos conflitos nos quais também é parte.

É justamente neste momento que o Estado liberal se transformou no Estado-Providência, cuja função básica era promover o crescimento econômico, por um lado, e assegurar a proteção dos cidadãos mais desfavorecidos, por outro. Como vetor tanto do progresso material quanto da justiça social, o Executivo se converteu em instrumento de consecução de objetivos concretos; seu sistema jurídico é, então, concebido como técnica de gestão e regulação da sociedade; e, sob a forma clássica das regras gerais, abstratas e impessoais, a legislação passa a favorecer ou proteger determinados interesses privados erigidos em interesses públicos. Desse modo, o Estado deixou de ser aquela associação "ordenadora" típica do Estado de Direito clássico, que tinha a legitimidade do uso da coação jurídica, renunciando, em contrapartida, a intervir no campo econômico e social; e se tornou uma associação eminentemente "reguladora", na perspectiva de um Estado Social de Direito. Esse tipo de Estado chegou ao seu apogeu nos anos 50 e 60, começando a fenecer na década de 70 — o período histórico em que surgiram e se consolidaram os diferentes fatores responsáveis pelo fenômeno da globalização econômica.

Os dois choques do petróleo ocorridos em 1973 e 1979, deflagrando uma nova crise estrutural do sistema financeiro, subvertendo o regime de preços relativos, alterando os fluxos do comércio internacional, desorganizando o modelo econômico de inspiração social-democrata forjado no pós-guerra, provocando uma enorme recessão nos países desenvolvidos e abrindo caminho para uma revolução tecnológica desencadeada com o objetivo de reduzir o impacto do custo da energia e do trabalho no preço final dos bens e serviços, puseram em xeque as engrenagens decisórias e o sistema político-jurídico do Estado-Providência. Com isso, acabaram ampliando a erosão do primado do equilíbrio entre os poderes e muitos dos importantes dispositivos formais do constitucionalismo. Diante do desafio de responder a questões técnicas inéditas e cada vez mais complexas, o Executivo se viu obrigado a editar sucessivas normas de comportamento, normas de organização e normas programáticas que, intercruzando-se continuamente, terminaram produzindo inúmeros micro-sistemas legais e distintas cadeias normativas.

Por causa dessas transformações e dessa produção desordenada de textos legais, a concepção do direito como um sistema basicamente fechado, hierarquizado e axiomatizado de normas de conduta, típica do constitucionalismo oriundo do século XIX, foi sendo progressivamente substituída pela visão do direito como um conjunto de normas de organização sob a forma de "rede", dadas as múltiplas cadeias normativas e os micro-sistemas legais, com suas interrelações basilares aptas a capturar, pragmaticamente, a crescente complexidade da realidade sócio-econômica.[2] Enquanto a concepção de sistema jurídico forjada pelo Estado liberal faz da completude, da coerência formal e da logicidade interna os corolários básicos da ordem jurídico-positiva, esse emergente sistema normativo sob a forma de "rede" se destaca pela multiplicidade de suas regras, pela variabilidade de suas fontes e, principalmente, pela provisoriedade de suas estruturas normativas, que são quase sempre parciais, mutáveis e contingenciais.

Fruto de uma economia em fase de globalização, de uma sociedade cada vez mais diferenciada e de um Estado obrigado a desempenhar tarefas múltiplas e por vezes até mesmo contraditórias, esse novo sistema normativo cresceu e se consolidou a partir de uma tensa e intrincada pluralidade de pretensões materiais. A distinção entre interesses privados e interesses comuns e coletivos, fundamental para a antiga engenharia jurídico-política liberal-burguesa, já não é mais então capaz de ocultar que, na maioria das vezes, a tutela legal de alguns desses interesses é flagrantemente conflitante com a proteção de outros. Na medida em que esse sistema normativo parece ter um po-

2. Cf. David Beetham, "Legitimacy in the contemporary State", in *The legitimation of power*, Londres, MacMillan, 1991; e Alberto Febbrajo, "From hierarchical to circular models in Sociology of Law", in *European Yearbook in The Sociology of Law*, Milano, Giuffrè, 1988.

tencial ilimitado de crescimento, comportando um aumento incessante de novas regras e de novas matérias de regulação, a tendência é de esvaziamento da própria função da lei. Num sistema jurídico "inflacionado" por um sem número de "leis de circunstância" e "regulamentos de necessidade" condicionados por conjunturas específicas e transitórias, a velocidade e a intensidade na produção de novas normas constitucionais e de leis ordinárias levam o Estado a perder a dimensão exata do valor jurídico tanto das regras que edita quanto dos atos que disciplina.

Condicionado assim por dois princípios conflitantes, o da *legalidade* (típico do Estado liberal-clássico), e o da *eficiência* das políticas públicas nos campos social e econômico (típico do Estado-Providência), o Estado contemporâneo, por meio de seu Poder Executivo, passa a agir de modo paradoxal gerando, em nome da estabilização monetária, do equilíbrio das finanças públicas, da retomada do crescimento e da abertura comercial e financeira, uma corrosiva inflação jurídica. Este tipo de inflação se traduz pelo crescimento desenfreado do número de normas, códigos e leis, de tal modo que a excessiva acumulação desses textos legais torna praticamente impossível seu acatamento por seus supostos destinatários e sua aplicação efetiva pelo Judiciário, ocasionando, por conseqüência, a "desvalorização" progressiva do direito positivo e o impedindo de exercer satisfatoriamente suas funções controladoras e reguladoras. No limite, esse processo leva à própria anulação do sistema jurídico, pois, quando os direitos se multiplicam, multiplicam-se na mesma proporção as obrigações; e estas, ao multiplicarem os créditos, multiplicam igualmente os devedores, num círculo vicioso cuja continuidade culminaria na absurda situação de existirem apenas devedores, todos sem direito algum.[3] Esse é o potencial corrosivo da inflação jurídica — o risco da própria morte do direito.

Ao provocar a desvalorização do instrumental jurídico que o Poder Executivo tem ao seu dispor, essa legislação inflacionada é um dos principais fatores responsáveis tanto pelo agravamento das tensões entre a estrutura do processo de negociações coletivas e o conflito distributivo aguçado pela globalização econômica, quanto pelo crescente grau de inefetividade do poder de regulação, direção e inter-

3. Cf. François Ewald, *Foucault, a norma e o direito*, Lisboa, Vega, 1993, pp. 185 e segs.; ver, também, meus dois últimos trabalhos, *Direitos Humanos, direitos sociais e justiça*, São Paulo, Malheiros, 1994, e *Os desafios da Justiça do Trabalho*, São Paulo, LTr, 1995.

venção do Estado-nação. No primeiro caso, essas tensões são exponenciadas pelo fato de que, apesar dos esforços para ver suas demandas consagradas como direitos e convertidas em obrigações do Poder Executivo, sindicatos, movimentos comunitários e entidades representativas tendem a ver suas conquistas, consagradas formalmente em textos legais, reduzidas a pó, ou seja, esvaziadas por um sistema jurídico que, de tanto ter ampliado seu número de normas, torna-se ineficaz e impotente. No segundo caso, quanto mais procura disciplinar e regular todos os espaços, dimensões e temporalidade do sistema econômico convertendo numa intrincada teia regulatória e numa complexa rede de micro-sistemas normativos esse ordenamento jurídico altamente "inflacionado" (em termos de quantidade de regras e da variabilidade de suas formas) e dotado de um formalismo meramente de "fachada" (graças ao crescente recurso do legislador aos conceitos jurídicos indeterminados, às normas programáticas e às cláusulas gerais), menos o Poder Executivo parece capaz de expandir seu raio de ação e de mobilizar os instrumentos de que formalmente dispõe para exigir respeito a suas ordens.

A progressiva deterioração da organicidade de seu sistema jurídico, o virtual colapso do constitucionalismo e a crescente superação do equilíbrio entre os poderes não são, contudo, as únicas facetas da erosão da efetividade e da autoridade do Estado contemporâneo. Com o fenômeno da globalização econômica, a partir da década de 80, também vão surgir outras rupturas institucionais nas estruturas jurídicas e políticas legadas pelo Estado liberal, no século XIX, e pelo Estado Social, no século XX.[4]

As rupturas mais importantes, cujos desdobramentos constituem o objeto de todos os ensaios que compõem esta coletânea, são as seguintes:

1 — mundialização da economia, mediante a internacionalização dos mercados de insumo, consumo e financeiro, rompendo com as fronteiras geográficas clássicas e limitando crescentemente a execução das políticas cambial, monetária e tributária dos Estados nacionais;

2 — desconcentração do aparelho estatal, mediante a descentralização de suas obrigações, a desformalização de suas responsabi-

4. Sobre o advento e a consolidação do fenômeno da globalização e sobre suas conseqüências políticas, institucionais e jurídicas, ver Leslie Sklair, *Sociology of the Global State*, Londres, Prentice Hall, 1995; Christopher Cahse-Dunn, *Global formation: structures of the World-Economy*, Oxford, Blackwell, 1991; e Boaventura Santos, *Pela mão de Alice: o social e o político na pós-modernidade*, Porto, Afrontamento, 1994; *Toward a new common sense: law, science and politics in the paradigmatic transition*, New York, Routledge, 1995.

lidades, a privatização de empresas públicas e a "deslegalização" da legislação social;

3 — internacionalização do Estado, mediante o advento dos processos de integração formalizados pelos blocos regionais e pelos tratados de livre comércio e a subsequente revogação dos protecionismos tarifários, das reservas de mercado e dos mecanismos de incentivos e subsídios fiscais;

4 — desterritorialização e reorganização do espaço da produção, mediante a substituição das plantas industriais rígidas surgidas no começo do século XX, de caráter "fordista", pelas plantas industriais "flexíveis", de natureza "toyotista", substituição essa acompanhada pela desregulamentação da legislação trabalhista e pela subseqüente "flexibilização" das relações contratuais;

5 — fragmentação das atividades produtivas nos diferentes territórios e continentes, o que permite aos conglomerados multinacionais praticar o comércio inter-empresa, acatando seletivamente as distintas legislações nacionais e concentrando seus investimentos nos países onde elas lhes são mais favoráveis;

6 — expansão de um direito paralelo ao dos Estados, de natureza mercatória ("lex mercatoria"), como decorrência da proliferação dos foros de negociações descentralizados estabelecidos pelos grandes grupos empresariais.

O denominador comum dessas rupturas é, como se vê, o esvaziamento da soberania e da autonomia dos Estados nacionais. Por um lado, o Estado já não pode mais almejar regular a sociedade civil nacional por meio de seus instrumentos jurídicos tradicionais, dada a crescente redução de seu poder de intervenção, controle, direção e indução. Por outro lado, ele é obrigado a compartilhar sua soberania com outras forças que transcendem o nível nacional. Ao promulgar suas leis, portanto, os Estados nacionais acabam sendo obrigados a levar em conta o contexto econômico-financeiro internacional, para saber o que podem regular e quais de suas normas serão efetivamente respeitadas. A conseqüência desse processo, como será visto nesta coletânea, é paradoxal: ao mesmo tempo em que se observa um movimento de internacionalização de alguns direitos nacionais, constata-se também a expansão de normas privadas no plano infranacional, na medida em que as organizações empresariais, por causa de sua autonomia frente aos poderes públicos, passam, elas próprias, a criar as regras de que necessitam e jurisdicizar as áreas que mais lhe interessam, segundo suas conveniências. Incapazes de assegurar uma efetiva regulação social, no âmbito de uma economia globalizada, despreparados para administrar conflitos coletivos pluridimensionais por meio de sua engenharia jurídico-positiva concebida para lidar basicamente com conflitos unidimensionais e inter-individuais, impotentes diante da multiplicação das fontes materiais de direito e sem condições de deter a diluição de sua ordem normativa gerada pelo advento de um efetivo pluralismo jurídico, os Estados nacionais encontram-se, assim, em crise de identidade.

Concebidos em sua primeira versão sob a forma de "papers" para discussão em seminários internacionais, os textos reunidos nesta coletânea examinam essa crise e seus desdobramentos jurídico-institucionais a partir de diferentes ângulos. Os professores André-Nöel Roth e Enrique Zuleta Puceiro, das Universidades de Genebra e Buenos Aires, respectivamente, discutem o impacto da globalização econômica à luz dos processos de transição democrática, procurando identificar as formas e práticas jurídicas emergentes na dinâmica da crise do Estado-nação. Condicionado pela realidade européia, em cujo âmbito o poder político estatal vai sendo deslocado para os organismos supranacionais de coordenação macroeconômica, Roth examina as várias transformações do direito e mostra como elas estão abrindo caminho para o que chama de "regulação social neofeudal". Respeitado analista da tensa e complexa transição democrática argentina, Puceiro concentra sua atenção sobre os problemas da governabilidade, da estabilização da moeda e da abertura comercial e financeira de seu país no âmbito de uma ordem econômica convertida em "sistema-mundo", oferecendo-nos um útil e atualizado referencial comparativo para o exame dos mesmos problemas em nosso país. Originariamente apresentado nas Universidades de Lima e Buenos Aires, o meu trabalho caminha numa linha bastante próxima à de Puceiro, tendo por objetivo avaliar o impacto da globalização e da crise do Estado sobre os direitos humanos e sociais na América Latina.

Já o artigo de Vittorio Olgiati, professor da Universidade de Milão, preparado originariamente para o seminário sobre o "papel dos sociólogos do direito na produção e controle das normas jurídicas européias", organizado por André Jean-Annaud para o International Institute of Sociology of Law, e o trabalho de Yves Dezalay, pesquisador do Centre National de Recherche Scientifique, de Paris, e David Trubek, diretor do Global Studies Research Program, da Universidade de Wisconsin têm outro propósito. A partir de um levantamento do estádio em que se encontra a reflexão jurídico-sociológica européia sobre globalização econômica, sobre a crise do Estado e sobre mudanças estruturais dos sistemas legais, Olgiati mostra como a teoria do direito e a sociologia jurídica vão definindo novos campos temáticos, dentre os quais se destacam o fenômeno do pluralismo jurídico e a reciclagem das profissões jurídicas. Embora numa linha metodológica distinta, Dezalay e Trubek também estão preocupados com os novos rumos das profissões jurídicas, mais precisamente com os desafios gerados pela globalização econômica para os advogados. Ao promover uma internacionalização dos direitos e das práticas jurídicas, dizem eles, o fenômeno da globalização vem multiplicando as oportunidades profissionais para os grandes escritórios especializados em direito econômico transnacional e em "lex mercatória", ao mesmo tempo em que também vem restringindo drasticamente o mercado de trabalho dos especialistas em "direito nacional" e com uma formação técnica meramente "convencional", isto é, exclusivamente normativista e legalista.

Por fim, é importante lembrar que esta coletânea é resultante de um esforço acadêmico coletivo. A tradução dos textos ficou a cargo de Jean Paul Cabral Veiga, Bárbara Rosemberg, Mariana Heck, Margarete Cristina Toba, Marcia Maria L. Romero, Michelle Ratton Sanchez, Diogo R. Coutinho, Lins Estevez Ricon, Ronaldo Lemos da Silva Júnior e Paulo Todescan L. Mattos, todos integrantes do Programa Especial de Treinamento que coordeno no âmbito do Departamento de Filosofia e Teoria Geral do Direito da Universidade de São Paulo, com apoio institucional da Coordenadoria de Aperfeiçoamento do Pessoal de Ensino Superior (CAPES). A supervisão técnica da tradução foi feita por mim, por Laurindo Dias Minhoto, pesquisador do Centro Brasileiro de Análise e Planejamento (Cebrap) e mestre em sociologia jurídica pela Warwick Law School, e por Maria Cecília MacDowell dos Santos, mestre em direito pela USP e PhD em sociologia pela University of California (Berkeley), ambos meus antigos alunos no curso de pós-graduação da USP e atuais colaboradores no Centro de Estudos Direito e Sociedade (Cediso). Na fase de seleção dos textos foram de grande importância as sugestões de José Reinaldo Lima Lopes, diretor do Cediso, professor da University of California (San Diego) e responsável pelo curso de história do direito na Universidade de São Paulo.

São Paulo, dezembro de 1995.
José Eduardo Faria

Capítulo 1

O DIREITO EM CRISE: FIM DO ESTADO MODERNO?

ANDRÉ-NOËL ROTH

1. *Introdução*

Na década de 80 e no princípio da de 90, tem-se visto uma mudança profunda na configuração política mundial. Primeiro, temos assistido à queda de quase todos os regimes autoritários na América Latina e, em segundo lugar, à desintegração quase completa do chamado "bloco socialista". Apesar das numerosas diferenças entre estes dois processos de transformação, todos os países afetados por tal mudança enfrentam um problema similar: que papel outorgar ao Estado?

A resposta a essa pergunta não pode ser extraída do contexto mundial de crise em que se produzem estas transições econômicas, sociais e políticas. Crise que não é somente econômica, mas também crise dos modelos de regulação social tradicionais, ou seja, crise do Estado e de seu instrumento de regulação privilegiado, o direito, inclusive nos países industrializados "avançados" europeus e norte-americanos. Em minha opinião, a forma e o papel futuros do Estado dependerão, em grande parte, do modelo de regulação social posto em prática nos países mais industrializados.

Nestes países, vários estudos têm posto em questão a eficiência das regulações do Estado e têm formulado críticas sobre sua ação. Nos anos 80, políticas de desregulação se impuseram como uma resposta neoliberal à crise, sem, entretanto, resolvê-la. A distância crescente entre a legislação e a realidade, as dificuldades da aplicação dos programas estatais, a interpenetração entre os domínios públicos e privados provocam reflexões e ensaios de novas práticas administrativas, jurídicas e políticas. O uso e a promoção que o Estado faz de novos instrumentos de ação baseados em uma legislação mais flexível (leis incitativas, mesas redondas, contrato negociado, "gentlemen agreement", leis de bases...) são sinais de uma transformação de seu modo de atuar. Na teoria jurídica, autores inspirados pelo funcionalismo sistêmico de Niklas Luhmann propõem, e comprovam, o desenvolvimento de um direito reflexivo.[1] Direito que estaria em conformidade com a sociedade atual qualificada de complexa e de pós-moderna.[2] Tal evolução não deixa de influenciar de maneira profunda o caráter geral da regulação atual da sociedade e dos papéis específicos desempenhados nesta, na época moderna, pelo Estado e o Direito.

Depois de assinalar com os traços característicos da Evolução do Estado (I) e do Direito(II), e de apresentar de maneira sucinta o Direito Reflexivo(III), este trabalho indicará uma via possível de transformação do Estado e do modo de regulação social (entendida como a soma de todas as regulações parciais), qualificada de neofeudal, que autoriza a mutação que se opera no Direito (IV).

2 . *A Evolução do Estado Moderno*

O Estado Moderno emergiu progressivamente desde o século XIV como forma específica de dominação política. Ele se distingue do feudalismo por três elementos principais.[3] Em primeiro lugar, institui-se a separação entre uma esfera pública, dominada pela racionalidade burocrática do Estado, e uma esfera privada sob o domínio dos interesses pessoais. Em segundo lugar, o Estado Moderno dissocia o poderio político (poder de dominação legítima legal-racional) do poderio econômico (posse dos meios de produção e de subsistência), que se encontram reunidos no sistema feudal. E para terminar, o Estado Moderno realiza uma estrita separação entre as funções administrativas e políticas, tornando-se autônomo da sociedade civil.

Tradicionalmente admite-se que o Estado Moderno tomou duas formas principais: o Estado Liberal e o Estado Social. O primeiro emergiu com as revoluções burguesas dos séculos XVIII e XIX; o segundo começou a construir-se desde o final do século XIX até aproximadamente os anos 1970. Anos desde os quais se considera esse último em crise.

1. G. Teubner et al. *Dilemmas of Law in the Welfare State*. Berlin/New York, 1986; H. Willke, *Diriger la société par le droit?* in "Archives de philosophie du droit", tome 31, Sirey ed., Paris, pp.189-214,1986; H. Willke, *Trois types de structures juridiques: programmes conditionnels, programmes finalisés et programmes relationnels*, in Morand, C.A., *L'Etat propulsif*, Publisud, Paris, pp.65-94, 1990.
2. H. Willke, *Diriger la société par le droit?*, op. cit.
3. J. Chevallier. *Science administrative*, PUF, coll. Thémis, Paris, p. 139, 1986.

a) O Estado Moderno de tipo liberal tem acompanhado e tem favorecido o desenvolvimento da economia capitalista. O Liberalismo que lhe inspira está baseado sobre o princípio da limitação da intervenção estatal, da liberdade do indivíduo e da crença na superioridade da regulação "espontânea" (Hayek) da sociedade. O Estado Liberal se concebe como a garantia da proteção do indivíduo contra a limitação de sua liberdade para qualquer forma de corporativismo (Lei "Le Chapelier" na França). Ele tem a imagem de um protetor dos direitos dos indivíduos. Cumpre sua tarefa graças à monopolização dos meios de violência física (exército, polícia) e do poder jurídico (direito, justiça). Ele só tem a legitimidade do uso da coação jurídica e física. Em contrapartida, o Estado renuncia a intervir nos campos econômicos e sociais que são de caráter puramente privado.

b) O Estado Social (ou Providência) se desenvolveu com a raiz da Revolução Industrial. A destruição rápida das solidariedades tradicionais, familiares e territoriais, obrigou o Estado a intervir cada vez mais, desde o último quarto do século XIX e, sobretudo, desde a Primeira Guerra Mundial, nos campos econômico e social. Esta é a "Grande Transformação" descrita por Polanyi:[4] a redução da capacidade autoreguladora da sociedade civil necessitou da intervenção do Estado na regulação da "questão social" (seguros, direito do trabalho...) e da economia (política monetária, proteções contra a competição...). O Estado Social tem tido a missão de favorecer, no quadro nacional, o crescimento econômico do país e a proteção social dos indivíduos. Ele se converteu em um instrumento de transformação e de regulação sociais. O Estado, vetor do progresso, era capacitado para responder às demandas dos cidadãos e dos grupos. A doutrina de Keynes facilitou a legitimação da intervenção estatal em todos os setores da vida econômica e social nacional. Na terminologia de Weber,[5] o Estado Moderno passou de uma associação ordenadora (ideal do Estado de Direito Liberal) para uma associação reguladora (o Estado de Direito Social). Habermas[6] fala de um capitalismo organizado pelo Estado.

c) A crise atual do Estado[7] indica que os mecanismos econômicos, sociais e jurídicos de regulação, postos em pé há um século, já não funcionam. O Estado Nacional já não está em capacidade de impor soluções,

4. K. Polanyi. *La Grande Transformation*, Gallimard, Paris, 1983.

5. M. Weber. *Economía y Sociedad*, Fondo de Cultura Económica, 8ª ed., Mexico, p. 55, 1987.

6. J. Habermas. *Raison et légitimité*, Payot, Paris, 1978.

7. P. Rosanvallon. *La crise de l'Etat providence*, Seuil, Paris, 1984; Offe. *De quelques contradictions de l'Etat providence*, "Revue M (marxisme, mouvement, mensuel)", n. 49, oct.-nov., 1991; J. Habermas. *Ecrits politiques*, Ed. du Cerf, Paris, 1990.

seja de um modo autoritário ou seja em negociação com os principais atores sócio-políticos nacionais, aos problemas sociais e econômicos atuais.

Uma das principais causas, se não for a principal, dessa crise de regulação, encontra-se no fenômeno de globalização (ainda mais acentuado pela queda do Bloco Socialista, que tinha reduzido a autonomia dos Estados nos aspectos jurídicos, econômicos, políticos e militares de sua soberania). Essa interdependência dos Estados influi sempre mais na definição das políticas públicas internas de cada Estado. Dunn[8] distingue quatro rupturas com a ordem mundial passada.

Primeira ruptura: a capacidade estatal de garantir a segurança dos cidadãos e a integridade territorial. Com o fim da Guerra Fria, passamos de um modelo de segurança coletiva bipolar, que garantiu a sobrevivência dos Estados, a um modelo multipolar muito mais complexo e instável, que necessita de uma nova definição das alianças.

Segunda ruptura: a mundialização da economia. O desenvolvimento das forças econômicas a um nível planetário diminui o poder de coação dos Estados Nacionais sobre estas. A mobilidade acrescida aos meios de produção e às operações financeiras, o crescimento dos intercâmbios e a internacionalização das firmas, impossibilitam a aplicação de políticas de tipo keynesiano em um só país.[9] O Estado está limitado em suas políticas fiscais e intervencionistas (em termos de alcance interno) pelas coações da competência econômica mundial. Uma política econômica e social keynesiana isolada está condenada ao fracasso. O exemplo do primeiro governo socialista francês entre 81 e 83 o demonstrou. A prudência atual da presidência Clinton na via de aplicação das declaradas intenções protecionistas mostra o mesmo fenômeno.

Terceira ruptura: a internacionalização do Estado. A participação dos Estados em um grande número de organizações internacionais de todo tipo (ONU, CEE, EEE, FMI, Cumbre de Río...) está em progressão e influi também sobre os processos políticos internos. A necessidade de uma gestão global de muitos problemas (meio-ambiente, oceanos, pesca...) obriga os Estados a coordenar suas políticas.

Quarta ruptura: o direito internacional. A evolução que acabamos de esboçar vem acompanhada de um importante desenvolvimento do direito internacional. Antes caracterizado por seu débil poder de coerção, ultimamente o direito internacional institui-se cada vez mais como

8. J. Dunn.*Political Science, Political Theory and Policy-Making in an Interdependent World*, "Government and Opposition", vol. 28, n. 2, London, pp. 242-260, 1993.

9. F. Scharpf. *La sociale démocratie européenne face à la crise*, Economica, Paris, 1990.

um princípio normativo superior, que permite aos indivíduos reivindicar sua aplicação ou denunciar sua violação pelo Estado (exemplos: tratado de Maastricht, Corte Européia dos Direitos do Homem). A multiplicação dos tratados de cooperação econômica (Mercosul, Nafta, CEE, Asean...) reflete também esse fenômeno.

Todas essas rupturas têm por conseqüência uma perda da soberania e da autonomia dos Estados Nacionais na formulação de políticas internas. No plano externo, o Estado Social já não pode pretender regular a sociedade civil nacional de maneira soberana. E, no plano interno, sua ação não permite resolver a crise e aparece como impotente. A distância entre sua vontade e a realidade, entre a lei e sua aplicação, vai crescendo. Diminuídos seus poderes de coação, o Estado tem que compartilhá-los com outras forças que transcendem o nível nacional e que, segundo sua posição na hierarquia mundial, o determinam. Incapaz de impor uma regulação social, e aprisionado entre um nível internacional mais coativo e um nível infranacional que procura liberar-se de sua tutela, o Estado se encontra em uma crise de legitimidade. As forças econômicas e sociais, as outras instâncias, internacionais e regionais ou locais, que podem pretender desempenhar um papel mais ativo que antes na regulação social, querem recuperar partes das prerrogativas do Estado Nacional. Assistimos, assim, a um movimento que tende a salvar o "aparato" estatal tradicional. Esse fenômeno tem sido visível no nascer (ou no renascer) de reivindicações federalistas, regionalistas ou nacionalistas na maior parte da Europa, a partir da destruição do Estado anterior , como na ex-Iugoslávia e ex-União Soviética.

3. A Evolução do Direito

Se o Estado tem-se transformado ao transcorrer dos séculos, o direito moderno, como o principal meio ou instrumento de regulação estatal, também tem mudado. Pode-se distinguir, na história moderna, dois tipos de direito que podemos associar aos dois tipos de Estado descritos acima.

a) O direito do Estado Liberal se destina à proteção dos direitos dos indivíduos contra toda pretensão de interferência do Estado em sua vida privada. Seu projeto é de garantir a livre circulação das idéias, das pessoas e dos bens, e acabar com a arbitrariedade.[10] Tornam-se

10. C.A. Morand. *De l'Etat de droit à l'Etat interventionniste*, "Plädoyer", vol. 9, n. 3, pp. 55-61, 1991.

necessárias, por isso mesmo, regras gerais, abstratas e previsíveis. O direito liberal constitui um quadro autoritário e abstrato, que fixa as regras do jogo nas relações familiares e nos intercâmbios econômicos. Ele garante ao cidadão, com a força se necessário, o uso e o respeito de suas liberdades privadas. Antes de tudo, protege-se o direito de propriedade, da liberdade de comércio e de indústria, e da liberdade de contratar (direito privado). O direito liberal funda-se, antes de tudo, contra o do Estado e assegura a regulação espontânea da sociedade.

b) Por outro lado, o direito do Estado Social é entendido como um instrumento a serviço de metas concretas. O direito tende a orientar as condutas humanas para a promoção do desenvolvimento econômico e social. Considera-se o direito como uma técnica de gestão e de regulação da sociedade, sob o controle do aparato estatal. Se a forma jurídica não mudou, — regras gerais, abstratas e previsíveis —, sua formação tomou sempre mais o caráter de um direito negociado com as forças sociais nacionais referidas. A distinção clara entre interesse público e interesse privado tornou-se inviável por causa da interpenetração progressiva das esferas privada e pública.[11] Sob uma formulação clássica de generalidade da lei, a legislação favorece ou protege interesses privados fundidos em interesses públicos. Com o Estado Social, o caráter negociado e ajustado tem-se desenvolvido ao longo da cadeia de produção jurídica até constituir uma nova forma de corporativismo setorial.[12]

c) A desadaptação das intervenções do Estado devidas às transformações econômicas e políticas às quais se acrescenta a onda neoliberal, e anti-estatal, tem provocado um retrocesso e uma deslegitimação da regulação social estatal (a crise do Estado).

De fato assistimos a um deslocamento e a uma fragmentação das instâncias legitimadas a promulgar regras. O Estado Social, tal como instância central da regulação social, encontra-se superado por instâncias a pretensões legitimadoras de nível superior (o nível internacional, CEE, ONU, mecanismos do mercado internacional) e de nível inferior e não necessariamente de tipo público (regionais, locais, empresas ...). Essa transferência a outros níveis de regulação é visível nas políticas de descentralização, e já bem conhecido nos países com estruturas federalistas, percebendo-se claramente também no campo da

11. J. Habermas. *L'espace public*, Payot, Paris, 1986.

12. B. Jobert; P. Muller. *L'Etat en action. Politiques publiques et corporativismes*, PUF, Paris, 1987.

negociação coletiva entre empregadores e trabalhadores. A recém-tentativa (meados de maio de 93) dos empresários da metalurgia alemã de trocar os acordos salariais do setor de nível nacional por acordos negociados ao nível da empresa particular e, de outro lado, a regulação do mesmo setor a um nível mundial através de instituições internacionais, como a CEE e o GATT, são uma ilustração dessa tendência à dispersão do nível nacional da regulação social.

A interdependência crescente dos países, desde o ponto de vista econômico, financeiro, assim como a complexidade dos problemas novos (meio-ambiente) e a rapidez das mudanças do transtorno, levaram quer à impossibilidade da seqüência desse modo de produção e de aplicação das regras jurídicas, quer a uma crise do direito. Crise que se reflete na dificuldade que tem o Estado para aplicar seus programas legislativos, e no reconhecimento da existência de um pluralismo jurídico. O Estado perde sua pretensão na detenção do monopólio de promulgar regras. A internacionalização e a maior mobilidade das empresas comerciais e dos meios de produção permitem àquelas "jogar" com maior facilidade e eficiência com as diferentes legislações nacionais. Uma das conseqüências dessa "conversão" de bens "imóveis" em bens "móveis", é o afloramento de capacidade coativa do Estado.[13] Agora cada Estado tem que levar em consideração a situação internacional para promulgar leis de caráter nacional, em setores cada vez mais numerosos (a competição mundial, o problema de "eurocompatibilidade", o GATT, etc.). O recente caso da firma Hoover , que transferiu uma unidade de produção da França para o Reino Unido, é um exemplo evidente desse fenômeno.

A conseqüência dessa evolução na técnica jurídica é uma maior flexibilidade do anterior caráter autoritário do direito e de sua dispersão em vários níveis de formulação. O direito nacional adquire de maneira ampliada a forma do direito internacional. A legislação nacional perde seu caráter detalhista para limitar-se a um direito mais geral e flexível (leis de bases, diretivas, leis de incitação, recomendações ...), suscetível de engendrar uma particularização e uma privatização de regulação jurídica. Assistimos, de um lado, a um movimento de internacionalização do direito nacional em sua forma e, de outro lado, a um movimento de mudança, tanto no nível internacional, como também no nível infranacional e da esfera privada, da produção das normas e de sua legitimação.

13. M. Weber, ob.cit., 1987.

4. *Um Direito Reflexivo*

O desenvolvimento de um direito reflexivo, ou seja, um direito procedente de negociações, de mesas redondas, etc., constitui uma tentativa para encontrar uma nova forma de regulação social, outorgando ao Estado e ao direito um papel de guia (e não de direção) da sociedade. Tentativa que se pode definir como uma radicalização ou uma teorização da evolução observada na técnica jurídica, passando de uma direção estatal autoritária e centralizada a uma direção flexível e de procedimento das condutas humanas. Helmut Willke é um dos principais promotores do direito reflexivo. Segundo ele, deve-se favorecer a emergência de um corporativismo renovado dentro de um projeto político-econômico neomercantilista[14] e constituir uma via intermediária entre a evolução espontânea e a planificação.[15]

Para Willke, a complexidade (conjunto de todos os eventos possíveis) crescente da sociedade impede sua regulação com os instrumentos tradicionais de coação, demasiado simples, baseados sobre o poder e o dinheiro (direito repressivo e direito social). O Estado e o direito tradicional estão inadaptados à evolução social.[16] Baseando-se sobre a teoria de Luhmann, ele considera a sociedade composta por distintos subsistemas (economia, direito, política, saúde...) auto-referenciais fechados desde o ponto de vista normativo e abertos desde o ponto de vista das informações, oriundas do ambiente. Os subsistemas respondem por meio da especialização funcional à complexidade do sistema social. Cada subsistema, para sobreviver, é obrigado a se diferenciar do exterior, selecionando o que tem sentido para ele, por meio de um código binário. Por exemplo, o subsistema jurídico se constitui e encontra seus limites com o código legal/ilegal. Essa maneira de comunicar permite a cada subsistema reduzir sua complexidade, para, assim, perpetuar-se.

Hoje, a complexidade do sistema social é tal que nenhum subsistema particular, seja ele político, jurídico, moral ou econômico, pode ainda pretender a direção da sociedade. Os subsistemas têm adquirido, entre eles e frente às instituições centrais de integração que são (que eram?) o Estado e o direito, uma autonomia relativa.[17] O projeto

14. H. Willke. "Le droit comme instrument de guidage néo-mercantiliste de l'Etat", in C.A. Morand, *L'Etat propulsif*, Publisud, Paris, pp. 95-106, 1991

15. H. Willke, *Diriger la société par le droit?*, op. cit.

16. Ibid., 67

17. H. Willke, *Diriger la société par le droit?*, op. cit., p. 190.

de Willke quer dar ao Estado-Providência uma capacidade, não de direção, mas de guia para a sociedade. Para que o Estado e o direito tenham essa capacidade de pilotagem social, necessita-se conseguir uma via alternativa à pilotagem central (o projeto socialista e social-democrata de centralização falhou por falta de descomplexização), ou à auto-regulação pelo mercado (solução liberal de redução brusca da complexidade, com o Estado mínimo, que resulta impossível pelos riscos de tendências centrífugas e desintegradoras).[18] O direito reflexivo, baseado não sobre o poder e o dinheiro, mas sim sobre o saber, poderia representar essa nova via, com o fim de "estabilizar os progressos do homem",[19] correspondendo, assim, às necessidades de nossa sociedade pós-moderna. O direito reflexivo deveria permitir o aumento da capacidade de pilotagem da lei incluindo, durante a fase de busca de um consenso, assim como no processo de tomada de decisão, os destinatários das normas.[20]

Na prática, a estrutura jurídica deste direito, chamada por Willke de "programa relacional", tem dois níveis: um primeiro nível de formulação de fins e um segundo nível que inclui disposições que permitem decisões dedutivas e descentralizadas.[21] É nesse segundo nível que reside a inovação principal. Trata-se de "permitir e facilitar processos de auto-regulação no interior de campos de problemas específicos", como a economia, a ciência ou a saúde.[22] Dentro destes campos se desenvolverá uma racionalidade de procedimento, mais que de conteúdo material. Como serão tomadas as decisões concretas? O Estado estando em incapacidade para formular e impor soluções para problemas complexos, é um ator como qualquer outro; somente através de sistemas "de discursos" é que os representantes dos interesses afetados serão dirigidos para o descobrimento de interesses comuns,[23] e encontrarão as soluções de que necessitam. Willke faz uma referência explícita a Habermas,[24] introduzindo a idéia de uma razão discursiva, pela qual os atores dos diversos subsistemas negociam, no primeiro nível do programa relacional, sobre metas legislativas e indicativas

18. H. Willke, "Trois types de structures juridiques: programmes conditionnels, programmes finalisés et programmes relationnels", op. cit., pp. 70-71

19 H. Willke, "Le droit comme instrument de guidage néo-mercantiliste de l'État", op. cit., p. 105

20. H. Willke, "Trois types de structures juridiques: programmes conditionnels, programmes finalisés et programmes relationnels", op. cit., p. 85

21. Ibid. p. 82

22. Ibid. p. 83

23. Ibid. p. 83

24. Ibid. p. 83 e 91

comuns, donde há "interesses generalizáveis". O segundo nível, é um processo de auto-regulação interna em cada campo específico, que deve permitir um acordo por meio da busca de um consenso entre os atores sociais referidos.

Com essa evolução, o direito estatal deixaria de promulgar proibições (direito negativo), para tomar uma forma mais positiva (leis de incitação), indicando e incitando os atores a tomar decisões em conformidade com as metas escolhidas. Esse sistema deve, assim, permitir a cada subsistema subsistir de maneira autônoma, mas adaptando-se às pressões dos outros subsistemas que lhe rodeiam, particularmente ao direito e ao Estado. O direito se volta, assim, como um instrumento que pode ser utilizado, e não que deve ser utilizado.[25]

A teoria do direito reflexivo integra a incapacidade atual do Estado de "dirigir" a sociedade e legitima a multiplicação das instâncias de negociações entre os atores sociais referidos (incluído o Estado) e as regras aqui adotadas. O papel do Estado se limita, por um lado, a dar indicações ou promover incitações (não coativas), quanto ao conteúdo das regras, e por outro lado, a controlar a conformidade dos procedimentos de negociações. O caráter democrático e racional da decisão está garantido, neste sistema, pela capacidade de discussão razoável (razão discursiva de Habermas), que deve dominar nos foros de negociações.

5. *Rumo a um modelo de regulação social neofeudal?*

A evolução do Estado e do direito descrita até aqui transforma o papel do Estado e o modo de regulação social. O Estado moderno, organizador central e agente principal da regulação social a partir de suas políticas sociais, econômicas e fiscais, não cabe mais na sociedade atual, em grande parte por causa do desenvolvimento da economia, caracterizada pela sua globalização. De fato, constatamos o debilitamento das especificidades que diferenciam o Estado moderno do feudalismo: a) a distinção entre esfera privada e esfera pública; b) a dissociação entre o poderio político e o econômico; e c) a separação entre as funções administrativas, políticas e a sociedade civil.

a) A extensão da intervenção do Estado durante o século XX, as diferentes formas de corporativismo, têm provocado uma tal interpe-

25. J. Delley. "L'action par la formation", in C.A. Morand, *Les instruments d'action de l'Etat*, Helbling & Lichtenhahn, Bale, 1991.

netração das esferas privadas e públicas, que dissipam essa distinção fundamental do Estado moderno. Assistimos a uma privatização da esfera pública, assim como a uma "publicização" da esfera privada.[26]

b) A relação de força entre Estado nacional (poderio político) e proprietários dos meios de produção (poderio econômico), causadores da globalização da economia e da mobilidade e internacionalização das empresas comerciais, resulta mais favorável aos últimos. O equilíbrio keynesiano está quebrado. E, como o êxito da coação jurídica, ou seja, o modo (e o conteúdo) da regulação social, está diretamente limitado por essa relação,[27] o poderio econômico pesa mais sobre as políticas sócio-econômicas internas.

c) A internacionalização e a complexidade dos problemas, assim como a multiplicação de regras normativas sob a forma de leis de base, recomendações, etc., outorgam à administração pública um importante poder normativo (ou seja, político) que escapa, em parte, ao controle democrático e legitimador do Parlamento. De igual modo, outras instâncias decisórias multiplicam-se em vários lugares, em níveis diferentes ao Estado. O Estado Moderno, como única instituição de legitimação da coação jurídica, encontra-se dissolvido dentro de uma infinidade de instâncias de promulgação e de aplicação de regras jurídicas de caráter mais ou menos particularista. Regras essas que, inclusive quando são de fonte pública, aproximam-se mais a um contrato que a um estatuto.[28]

O caráter neofeudal da regulamentação social reside em parte nessa evolução e em parte em uma leitura pessimista da forma decisória — a infinidade de foros de negociações descentralizados — sugerida pelo direito reflexivo. Se uma leitura otimista põe em evidência as possibilidades de emancipação social que existem, através de formas de autoregulação, vários estudos têm mostrado[29] que o processo decisório em um nível descentralizado (Município, ...) está, muitas vezes, dominado pelas considerações econômicas e pelos interesses das elites políticas locais. Negociar a um nível institucional inferior poderia favorecer

26. J. Habermas, op. cit.

27. M. Weber, op. cit.

28. P. Amselek. "L'évolution générale de la téchnique juridique dans les societés occidentales", in *Revue du droit public et de science politique*, mars-avril, pp. 275-294., 1982.

29. Y. Meny. "La République des fiefs", in *L'état de la décentralisation*, La documentation française, série Cahiers Français, Paris, n. 256, mai-juin, 1992; M. Bassand; J. P. Fragnière. *Le pouvoir dans la ville*, Ed. Delta, Vevey, 1978; A. Meyer; A. N. Roth. "Les élites locales et la politique du stationnement automobile: essai d'interprétation du cas de la ville de Lausanne", in *Annuaire suisse de science politique*, Haupt, Berne (à paraître), 1993.

uma participação social mais ampla e uma menor conformidade entre as regras e os fatos. Porém, não impede, inclusive podendo até favorecer, os processos de dominação local e setorial por algum "barão". Deve-se recordar que o Estado Moderno foi constituído em oposição às periferias dominadas pelo feudalismo. Além disso, é pouco provável que as condições para uma discussão "razoável" (sem mentiras, nem meias verdades), tal como a concebe Habermas, estejam reunidas no contexto social atual. Seguramente, os resultados da negociação dependerão, em grande parte, da força e da organização de todos os interesses afetados (as relações de forças políticas e sociais), ou seja, de uma sociedade civil ativa e consciente de seus interesses e opressões, bem como de um acesso completo e igual à informação e ao saber.

Entretanto, como ocorre com as outras fontes de poder (força, dinheiro) o acesso ao saber não está distribuído de maneira similar entre os diferentes grupos sociais. O uso de uma técnica jurídica baseada em mesas redondas e outras formas de negociações descentralizadas poderia ser reduzido a uma nova técnica gerencial de redução dos conflitos.

Sem uma instituição legítima, capaz de monopolizar um poder de coação jurídica efetiva ao nível internacional, são as empresas transnacionais que vão promulgando o quadro jurídico, em conformidade com seus interesses, a partir do qual dar-se-á a regulação social.[30] Isso significa a emergência de uma forma de neofeudalismo onde as normas de regulação de um setor econômico estão definidas por empresas comerciais dominantes no setor. O conteúdo das regras negociadas na periferia limitar-se-ia a um "ajuste de detalhes", não podendo ultrapassar o quadro geral da regulação fixado a um nível superior e percebido, pelos níveis de negociações inferiores, como uma realidade insuperável. Com efeito, a capacidade de perceber uma situação como injusta, base da luta em favor de uma maior emancipação, depende em grande parte da posição ocupada dentro do espaço social.[31]

Concluindo, o direito reflexivo contribui para a legitimação *ex post* da "volta" dada pelo Estado Moderno à sua origem e pelo direito, por causa do desenvolvimento da sociedade capitalista. A interpenetração entre privado e público, bem como a emergência de uma infinidade de instâncias de decisões, entram em concorrência com o Estado,

30. B. de Sousa Santos. "Droit: une carte déformée. Pour une conception post-moderne du droit", in *Droit et Societé*, n. 10, 1988.

31. P. Bourdieu. "La force du droit", in *Actes de la recherche en sciences sociales*, Ed. de Minuit, Paris, n. 64, pp. 3-19, 1986.

aumentando a distância entre a lei estatal e a realidade dos fatos. Instâncias essas que são instituições parciais e particulares de regulação de sociedade, suscetíveis de se transformar tanto em lugares e momentos de emancipação e de participação popular, quanto em feudos. Nessa situação, o direito "tradicional" tem perdido sua previsibilidade, tornando-se impossível de ser dominado. O direito reflexivo é um trabalho de formatar ou elaborar um "corpo sistemático de regras baseado sobre princípios racionais e destinado a receber uma aplicação universal",[32] das práticas jurídicas que resultam das relações de força entre interesses políticos e sociais antagônicos e contraditórios. Formatação essa que permite e legitima o desenvolvimento de um Estado "fagocitado" por uma regulação social condicionada por valores e interesses privados erigidos para o bem público.

(Tradução de Margaret Cristina Toba e Márcia Maria Lopes Romero)

32. P. Bourdieu, ob. cit., 1986.

Capítulo 2

A RESTRUTURAÇÃO GLOBAL E O DIREITO

A internacionalização dos campos jurídicos e a criação de espaços transacionais

YVES DEZALAY
DAVID M. TRUBEK

1. INTRODUÇÃO

A. Antecedentes: Globalização e Restruturação Econômica

Como pano de fundo deste trabalho constam uma série de processos e mudanças inter-relacionados que estão ocorrendo no cenário mundial. Por serem eles geralmente conhecidos, não nos deteremos muito em suas descrições. Entre os mais importantes destacam-se:

* *mudança dos padrões de produção*: os novos sistemas de especialização flexível e a "fábrica global" tornaram mais fácil a produção local e outras atividades econômicas em muitas partes do mundo, facilitando o deslocamento de atividade econômica de um país para outro e contribuindo assim para o surgimento de uma nova divisão internacional do trabalho.

* *união de mercados financeiros*: a criação de mercados de capital unidos globalmente facilita o livre fluxo de investimento através das fronteiras.

* *aumento da importância das empresas multinacionais*: devido ao fato de as grandes empresas multinacionais estarem agora capacitadas a expandir tanto a produção quanto outras operações por todo o mun-

do além de mudar fábricas de um país para outro, seu potencial de negociação tem se fortalecido e sua importância na economia mundial tem aumentado.

* *aumento da importância do intercâmbio e crescimento de blocos regionais de comércio*: a transação internacional tem aumentado sua proporção no PNB em muitos países. As barreiras de comércio, em geral, têm diminuído; esse processo tem sido acelerado em certas regiões por causa de áreas regionais de livre comércio e mercados comuns. Os regimes de comércio têm sido estendidos a fim de abranger serviços e propriedade intelectual. As regras internacionais que promovem o livre comércio de mercadorias e serviços têm efeitos diretos e indiretos sobre muitos aspectos da regulamentação nacional.

* *ajuste estrutural e privatização*: todo o antigo bloco soviético e grande parte do mundo em desenvolvimento são influenciados por pressões para a estabilidade de grandes macroeconomias e redução do envolvimento direto do Estado na economia. Para facilitar a interação econômica, é dada grande ênfase ao desenvolvimento de instituições de mercado, incluindo estruturas jurídicas.

* *hegemonia de conceitos neo-liberais de relações econômicas*: o "consenso de Washington" (nomeado posteriormente pelas instituições financeiras internacionais estabelecidas na capital norte-americana) dá forte ênfase nos mercados privados, na desregulamentação da atividade econômica, na redução do papel do Governo e no livre comércio internacional. Esta visão influenciou a política nos Estados Unidos e na Inglaterra, sob a administração de Reagan e Thatcher, e tem começado a afetar a Europa Continental. Sob o amparo do FMI e do BIRD (assim como de bancos regionais e do GATT), a visão neo-liberal tem sido expandida através do mundo em desenvolvimento, está influenciando a Europa Oriental e a antiga União Soviética e está tendo efeitos na China.

* *uma tendência mundial à democratização, proteção dos direitos humanos e renovado interesse no "império do direito"*: junto com pressões para mudanças econômicas há um esforço internacional para a criação de políticas liberais, controle da arbitrariedade governamental, proteção dos direitos individuais e fortalecimento do Judiciário.

* *o surgimento de protagonistas supranacionais e transnacionais promovendo direitos humanos e democracia*: novos protagonistas, como o movimento pelos direitos humanos e a defesa transnacional de ONG's promovendo a democratização, a proteção de interesses ambientais e sociais e a defesa dos desfavorecidos, têm feito parte deste estágio mundial e influenciado o desenvolvimento nos campos jurídicos nacionais.

B. As Práticas Jurídicas e os Campos Jurídicos Nacionais

Estas grandes tendências formam o pano de fundo de nosso estudo. Mas nosso objetivo é examinar o direito e a prática legal para vermos como o campo jurídico está se tornado mais internacionalizado e como estão sendo criados espaços transnacionais para a prática legal. Nosso estudo pretende contribuir para a compreensão dos processos globais ao expor em um campo os microprocessos e práticas concretas que, tomados como um todo, estão produzindo mudanças globais. As forças e as lógicas que podem ser observadas na economia, no Estado e na ordem internacional também estão funcionando dentro do campo jurídico, de maneira que a lógica do campo jurídico constitui um "microcosmo homólogo" de um grande fenômeno social. Entender a lógica particular do campo jurídico é conhecer alguma coisa significativa sobre a constituição da sociedade da qual se faz parte.

O "campo jurídico" nacional é a principal unidade de análise neste estudo. Não somente examinamos a prática jurídica como um caminho para entendermos as forças globais, como também damos especial atenção aos campos jurídicos *nacionais* em várias partes do mundo. Chamamos de "campo jurídico" à articulação de instituições e práticas através das quais a lei é produzida, interpretada e incorporada às tomadas de decisões na sociedade. Portanto, o campo inclui profissionais da Justiça, juízes e as faculdades de direito. Nosso método identificará os efeitos das forças globais e transnacionais, examinando primeiro os seus impactos nos campos nacionais.

Pode parecer estranho que um estudo sobre o direito e a reestruturação global tome o campo jurídico nacional como centro e ponto de partida. Alguns podem argumentar que, à medida em que o Estado-nação perde a sua supremacia na regulamentação e estruturação das relações econômicas e na proteção dos indivíduos e da comunidade, o ponto de atenção deveria mudar para áreas transnacionais e supranacionais e para os campos jurídicos que poderiam existir ou surgir em tais níveis. Enquanto concordamos que a análise transnacional é importante, pensamos que o campo jurídico nacional é um necessário ponto de partida para tais estudos. Em primeiro lugar, a lógica da prática jurídica ainda acontece principalmente no plano nacional. Acreditamos que, ao nos centrarmos somente em advogados e espaços transnacionais, perderíamos de vista uma grande quantidade de protagonistas e práticas legais que influenciam e estão sendo influenciados pelos processos globais. Estas práticas ainda são estabelecidas por advogados, juízes e professores que constituem o campo jurídico tal como nós o entendemos e cujas lógicas são transformadas direta e indiretamente por operações transnacionais. E, de maneira circular, é a transformação lógica das práticas em múltiplos campos jurídicos nacionais que está, de forma significativa, contribuindo para a integração crescente das economias e para a transformação paralela de sistemas de governo em muitas partes do mundo. À medida que os advogados são transformados pela ordem global emergente, eles também estão ativamente tentando transformá-la.

Uma segunda razão para mantermos o foco nacional é que os espaços transnacionais e supranacionais envolvem a competição entre campos nacionais que perseguem o domínio e os novos regimes "extranacionais" (tanto públicos como privados) com diferentes graus de autoridade e efetividade. O processo de construção transnacional é tanto parcial como hierarquicamente ordenado. A relação de graus de "internacionalização" de diferentes campos nacionais é um grande problema de investigação. E a luta entre os campos nacionais e o processo pelo qual as ordens normativas e os modos de produção de alguns tornam-se dominantes estão entre os mais importantes temas de um estudo desta natureza.

C. Estudos de Casos

Para estudarmos um fenômeno tão complexo e de tão difícil acesso, optamos por utilizar uma série de "estudos de casos". O mais extenso é o estudo da internacionalização dos campos jurídicos nacionais na Europa, enquanto eram influenciados pelo surgimento gradual de um espaço jurídico "transnacional" dentro da Comunidade Européia e pela abertura das fronteiras entre os Estados-membros da própria Comunidade Européia. Tomamos a experiência européia como centro de nosso trabalho por duas razões. Em primeiro lugar, tivemos acesso a muitos estudos sobre este fenômeno, já realizados por Dezalay e seus colaboradores.[1] Em segundo lugar, recentes acontecimentos na Europa têm sido substanciais e dramáticos: a prática legal européia tem sido radicalmente transformada e os campos jurídicos nacionais refeitos nos últimos 20 anos. Portanto, a história da Europa destaca as questões que são mais relevantes para nós: a reelaboração dos campos jurídicos e sua interrelação com os processos extranacionais.

1. Ver, por exemplo Yves Dezalay, *Battailles territoriales et rivalités de cousinage, Juristes et comptables sur le marché europeen du conseil aux enterprises*, Paris, LGDJ; Yves Dezalay e David Sugarman, *Professional Competition and the Social Construction of Markets*, Routledge, Londres.

Para um estudo detalhado da Europa foram acrescentados dois estudos suplementares de casos. O primeiro é um estudo preliminar dos esforços de advogados que defendem o interesse público na América do Norte para reagir ao surgimento de uma área de livre comércio entre os Estados Unidos, o Canadá e o México (NAFTA). Por causa deste conjunto de fenômenos paralelos observados na Europa, a história do NAFTA pode nos ajudar a ver como a Europa pode oferecer inspiração para a América do Norte. Mas, como nossa informação sobre o NAFTA é limitada, sua situação é altamente instável e o foco de nosso estudo é limitado, o caso norte-americano cria somente uma hipótese provisória sobre a internacionalização dos campos jurídicos na América do Norte.

O outro estudo de casos trata da transformação dos campos jurídicos no mundo em desenvolvimento, com especial atenção para a Indonésia. Este estudo destaca as diferenças entre os países que são o centro do capitalismo avançado e as nações mais pobres da periferia, mostrando ainda que algumas forças ativas são parecidas com aquelas que têm afetado os campos nacionais na Europa.

Nosso estudo elege como ponto principal os assuntos econômicos, ou o que pode ser chamado de "direito econômico". Mas também voltamos nossa atenção para as questões sociais e o relacionamento entre o desenvolvimento do direito econômico e questões como a natureza do Judiciário, o papel do ensino jurídico e a representação e proteção dos desfavorecidos. Nossa visão sobre os campos jurídicos nos conduz à tentativa de mantermos todas estas dimensões em vista, pois, enquanto reconhecemos a possibilidade de diferenciar o papel que o direito exerce na regulamentação da atividade econômica do seu papel na proteção dos interesses sociais e na preservação dos direitos individuais, acreditamos que estes aspectos do campo jurídico são inseparáveis. Enquanto muitos estudos voltam-se principalmente para o direito econômico, alguns procuram ilustrar a interação da regulamentação econômica com a proteção social e individual e a proteção nos campos nacionais, posto que ambos transformam e são transformados pelas forças internacionais.

2. *EXPLORAÇÃO DA ESTRUTURA DE INVESTIGAÇÃO: OS CAMPOS JURÍDICOS E OS MODOS DE PRODUÇÃO DO DIREITO*

Este trabalho se utiliza de dois termos que não são muito comuns nos estudos jurídicos norte-americanos: "campo jurídico" e "modo de produção do direito".[2] Eles constituem o centro da estrutura de conceitos empregados na preparação dos estudos de casos sobre a Europa, os advogados que defendem o interesse público e o NAFTA , e o mundo em desenvolvimento. Esta parte expõe tal estrutura e assim oferece a chave para a lógica de nossa pesquisa. Leitores que desejam um conhecimento aprofundado da estrutura estarão motivados a lerem esta parte. Contudo, os estudos de casos podem ser lidos sem necessidade de referência à detalhada exposição sobre a estrutura, caso alguns leitores desejem pular esta parte e ir diretamente para a discussão sobre os contrastes entre os modos "americano" e o "antigo modo europeu" de produção do direito, o qual introduz os estudos de casos.

A. *Campos Sociais*

Pierre Bourdieu conceitua a sociedade como uma série de "campos" inter-relacionados, mas semi-autônomos, cada um dos quais com uma estrutura própria. Os campos sociais são constituídos por protagonistas com diferentes posições, que lutam pelos privilégios que o campo oferece, os quais podem ser econômicos, de prestígio e poder. O campo é um sistema aberto cujos limites estão sempre em questão (o que constitui um dos motivos pelos quais a disputa ocorre). Os "jogadores" do jogo do campo jurídico dispõem de várias formas de vantagem (econômica, social ou cultural) em suas disputas com outros jogadores. Os conflitos presentes no campo dão-lhe dinamismo, mas também o mantêm como um campo: os jogadores em competição é que disputam entre si, mas não o campo em si mesmo; portanto a disputa reafirma e ainda fortalece o campo. Todos os jogadores num campo jurídico têm determinado conjunto de disposições que orientam suas ações. Estas disposições são traçadas através de disputas do campo com outros campos sociais e de conflitos internos: Bourdieu denomi-

2. O conceito de campos sociais e suas aplicações para o Direito é derivado do trabalho de Pierre Bourdieu. A respeito do próprio esforço de Bourdieu ao longo destas linhas, ver Pierre Bourdieu, "The force of Law: toward a Sociology of the juridical field", in *Hastings Law Journal* 814. Muitos estudiosos têm utilizado a noção de modo de produção do direito, ver por exemplo Boaventura de Sousa Santos (1985), "On Modes of Production of Law and Social Power", *International Journal of Sociology of Law* 299. Enquanto nos beneficiamos destas formulações, nós não tentamos segui-los em todas as considerações.

na isto de *"habitus"* de um campo. O *habitus* não é arbitrário nem acidental; estas disposições refletem forças objetivas que modelam o campo e assim codificam restrições estruturais básicas. No entanto, as estruturas não são totalmente controláveis, as disposições mudam com o tempo na medida em que o campo depara-se com novos desafios e oportunidades e os personagens com novos *habitus* podem começar a exercer novos ou mais importantes papéis, transformando, deste modo, a "estrutura" lógica.

B. Campos Jurídicos

O campo jurídico é um dentre os muitos campos sociais. Para prepararmos os estudos de casos, que constituem o ponto central deste trabalho, desenvolvemos uma tentativa de "modelo" da operação de campos jurídicos.

I — De Novo na Ruptura

Muito da sociologia de Max Weber até hoje tem operado sobre o pressuposto de que de algum modo as instituições jurídicas de uma nação operam como um "sistema" cujas partes estão interrelacionadas e cujas práticas, relacionadas com outros aspectos da sociedade, de alguma maneira refletem um esforço comum. Dizer isto, contudo, é dizer muito pouco. Não existe muita concordância sobre a natureza e as fontes da "sistematicidade" jurídica, o grau pelo qual as instituições jurídicas estão integradas ou fragmentadas, e assim por diante. O interesse na teoria do sistema como ferramenta para explicação dos fenômenos jurídicos avança e retrocede, mas pode-se dizer que nenhuma teoria alcançou consenso universal, e nem mesmo um consenso dominante.

Introduzir a idéia de "campo jurídico", como um conceito fundamental para o entendimento de instituições jurídicas, é colocar sal novamente nas águas rebeldes da teorização holística à procura do cálice sagrado da "sistematicidade". Demos este passo com temor, mas nos interessamos nele pela necessidade que sobrevem da natureza do nosso projeto e dos resultados dos nossos questionamentos preliminares. Estamos tentando responder a três questões que estão interrelacionadas:

(i) quais são as forças colocadas em operação dentro de qualquer instituição jurídica nacional quando modelos preexistentes são desafiados por novos mercados e por novas influências, as quais são estimuladas ou criadas pelas oportunidades e forças políticas e econômicas extranacionais (regionais ou globais)?

(ii) como as novas lógicas criadas por influências e oportunidades internacionais afetam o funcionamento dos campos jurídicos nacionais e como as características do campo afetam a natureza e o grau de "internacionalização" que delas resulta?

(iii) o que os advogados levam consigo e quais as estratégias que empregam quando eles vão além do espaço "nacional" em relações globais e regimes transnacionais?

Para responder a essas questões temos que olhar, primeiramente para as práticas estabelecidas:[3] o real comportamento de advogados e outros personagens dentro de um conjunto dinâmico de relações. O conceito de campo nos ajuda a compreender estas dinâmicas e nos permite comparações entre ordens jurídicas nacionais e entre campos nacionais e espaços jurídicos transnacionais.[4]

II — O Que é um Campo Jurídico?

Um campo tem posições, privilégios, vantagens e um *habitus*, ou predisposições compartidas. Todas as práticas estão dentro deste campo e sujeitas às suas forças e influências.

(i) Posições. O campo jurídico é o conjunto de todos os personagens que fazem, interpretam e aplicam a lei, transmitem conhecimentos jurídicos e socializam os jogadores que se encontram no jogo do campo. Estes personagens ocupam posições que podem ser ordenadas em termos de hierarquias internas, aceitas dentro (e até certo grau fora) do campo. Sob o risco de uma simplificação grave e muito geral, podem-se identificar as seguintes posições estratégicas:

3. Note-se que estamos utilizando "prática" num sentido muito diferente e muito mais amplo que a noção da linguagem ordinária dos Estados Unidos a respeito de práticas legais.

4. Para uma discussão mais ampla sobre a natureza do campo de análise e sobre a diferença entre "sistemas" e "campo" introduzidas na sociologia, ver Pierre Bourdieu e Loic J. D. Wacquant, *An invitation to reflexive Sociology* (University of Chigago) pp. 94-115. Para Bourdieu o enfoque do campo é mais importante que o da teoria dos sistemas, porque pode ser tratado simultaneamente com a autonomia e dependência dos campos sociais, como o direito, a religião, etc., destaca a porosidade dos limites que separam estes campos e dá ênfase aos conflitos e mudanças dentro dos campos e assim a sua historicidade. *Ibid.*

(A) Praticantes: nesta posição encontram-se todas as pessoas que prestam serviços aos indivíduos e às instituições que devem orientar seus comportamentos de acordo com a lei, provendo informações sobre os resultados prováveis de relações, negócios e conflitos que são legalmente regulados.

(B) Aplicadores da Lei: estas são as posições oficialmente estabelecidas para realizarem interpretações autorizadas de normas legais em situações concretas; inclui, portanto, não só juízes mas, também, árbitros, funcionários administrativos, etc.

(C) Guardiães da Doutrina: todo sistema legal avançado tem, mais ou menos, alguma forma de doutrina sistematizada, a qual contém respostas oficiais para questões legais. A localização desta função varia: deve ser desempenhada por notáveis (*honorários* de Weber), por acadêmicos (a tradição Continental), e/ou por juízes (o modelo dos EUA).

(D) Educadores: alguém tem de socializar os que ingressam e criar o *habitus* que mantém o campo unido e que codifica os limites estruturais. Enquanto a socialização principal é de responsabilidade das faculdades em quase todos campos jurídicos, a socialização é um processo contínuo e as influências do ambiente de trabalho são geralmente tão importantes quanto as educacionais.

(E) Reguladores Morais: todas as profissões jurídicas têm sistemas que vigiam comportamentos e asseguram a conformidade dos personagens: estes incluem mecanismos formais como instituições confiáveis , comitês disciplinares, promulgadores de éticas jurídicas, etc., assim como as influências do ambiente de trabalho, redes sociais informais e outras.

(ii) Privilégios. Quais são os privilégios no campo jurídico? Os mais importantes são os mercados (sucesso financeiro) e a posição ou o prestígio dentro da hierarquia do campo. A natureza dos privilégios difere dentro dos sub-campos.

(iii) Vantagens. Os personagens do campo jurídico desenvolvem várias formas de vantagens. Estas incluem vantagens econômicas, vantagens culturais ou de informação (credenciais educativos, conhecimento técnico) e vantagens sociais (prestígios adquiridos dentro e fora do campo).

III — "Regulamentação", Proteção e Legitimação

Dentro do campo jurídico observam-se lutas por privilégios e o desenvolvimento de várias formas de vantagens neste jogo. Mas qual é o "resultado" do jogo? Ainda que exista sempre o risco de cair em um funcionalismo superficial quando alguém tenta especificar resultados, algumas especificações a respeito dos efeitos sociais são necessárias para se entender tensões dentro do campo e variações entre os campos.

A um nível bastante simplificado, campos jurídicos "produzem" *regulamentação, proteção* e *legitimação*.[5] Usamos o termo "regulamentação" para nos referirmos à estruturação das relações econômicas: nesse sentido o direito provê normas para a interação de atores econômicos e protege os interesses econômicos, sejam essas normas de origem pública ou privada. A regulamentação é o modo pelo qual o campo jurídico estimula os mercados e encoraja a acumulação. O direito também provê proteção aos indivíduos e aos vários grupos e interesses sociais: esta é a sua dimensão social ou emancipatória. Os campos jurídicos moderam os impulsos da acumulação, protegem a integridade individual e preservam a comunidade. Finalmente, o direito legitima a ordem social: neste caso o direito é parte do "campo" de poder. As relações entre estes "resultados" do campo jurídico são complexas e contraditórias: existem tensões entre a regulamentação e a proteção, e o equilíbrio entre estas pode afetar a natureza e o grau de legitimação.

IV — O Campo Jurídico e o Estado Nacional

O campo jurídico, tal como o entendemos, tem seu centro ou "eixo" no Estado nacional e na ordem normativa originária do direito estatal. Mas eles são mais complexos e multidimensionais e o serão muito mais, com o tempo, se o processo de "globalização" continuar.[6] Os campos

5. Esta seção é baseada em várias fontes, incluindo Yves Dezalay, "From Mediation to pure Law: Practice and Sccholarly representation within the legal sphere. La Restructuration du champ des professionels de la restructuration des enterprises", in *International Journal of the Sociology of Law*; Boaventura de Sousa Santos, "Law in the World System: From Legal Diaspora to Legal Ecumene" (revised version of a paper given at the Institute for Legal Studies), University of Wisconsin-Madison, November, 1991; David M. Trubek, "Complexity and Contradiction in the Legal Order: Balbus and the Challenge of Critical Social Thought about Law", in *Law in Modern Society,* (The Free Press, N. Y.); David M. Trubek, "Where the Action Is: Critical Legal Studies and Empiricism" *Stanford Law Review* 575; Roberto Mangabeira Unger, *Law in Modern Society,* (The Free Press, N. Y.); Max Weber, *Economy and Society: An Outline of Interpretative Sociology* (Bedmister Press, N.Y.).

6. Para uma análise rica do impacto das forças globais nos campos jurídicos em todos os níveis, ver Boaventura de Sousa Santos, "Law in the World System: From Legal Diaspora to Legal Ecumene", op. cit.

jurídicos nacionais têm, de uma maneira ou de outra, sido sempre "penetrados" por influências extranacionais, e estruturas subnacionais de ordem privada ou pública introduzem formas complexas de pluralismo jurídico que devem ser incorporadas em qualquer definição do campo: um estudo completo sobre a internacionalização dos campos jurídicos teria de lidar com o pluralismo jurídico em todos os seus aspectos. Todavia, como o objetivo principal deste trabalho é analisar as mudanças na centralidade da ordem normativa do direito do Estado-nação e nas práticas legais nacionalmente orientadas, sob a influência de regimes e ordens jurídicas transnacionais, supranacionais e internacionais, concentramo-nos aqui nas relações entre o direito estatal e a prática orientada deste direito, de um lado, e em forças e processos provenientes de fora dos limites nacionais, do outro, observando como este relacionamento afeta a construção e a reconstrução dos campos jurídicos.

C. Modos de Produção do Direito

De uma maneira ou outra, pode-se encontrar um "campo jurídico" em toda sociedade "liberal".[7] Mas o modo com que os campos operam varia de um país para outro e muda sempre. Uma grande parte da história européia, que constitui o ponto central deste trabalho, corresponde a uma mudança dramática nos métodos pelos quais os campos jurídicos na Europa produzem o "direito", no mais amplo sentido. Para entendermos esta e outras mudanças, introduzimos a noção de "modo de produção do direito". Entendemos este termo como sendo a política econômica de regulamentação, proteção e legitimação num dado espaço nacional, num momento específico. Um modo de produção do direito inclui:

— o modo com que a profissão jurídica e a prestação de seus serviços são organizadas;

— a localização de papéis entre as várias posições no campo jurídico (praticantes, aplicadores da lei, acadêmicos, etc.);

— o modo com que o campo produz o *habitus*, incluindo variações na educação e a importância das vantagens sociais (antecedentes e relações pessoais) para o recrutamento no campo;

7. Para uma definição de sociedades "liberais" e a relação entre elas e o conceito de campo jurídico, ver Parte III, seção 1, *infra*.

— as modalidades para a articulação da doutrina preponderante e os modos com que estas incidem em relações entre jogadores e posições;

— o papel que os advogados, juntamente com os protagonistas globais e regimes transnacionais representam num dado campo jurídico;

— a relação entre regulamentação e proteção;

— o modo dominante de legitimação.

Variações nos modos de produção do direito afetarão as relações entre a produção de regulamentação, proteção e legitimação, assim como o quanto as forças transnacionais influenciam os campos nacionais e são influenciadas por eles, e a capacidade de um campo nacional de alcançar a hegemonia sobre os demais.[8]

3. *A INTERNACIONALIZAÇÃO DOS CAMPOS JURÍDICOS: (1º) O ANTIGO MODO EUROPEU E O MODO AMERICANO DE PRODUÇÃO DO DIREITO*

Nosso estudo sobre a internacionalização dos campos jurídicos e a emergência de áreas transnacionais é também a história da crescente dominância de um modo particular de produção do direito, que emergiu primeiramente nos Estados Unidos. Este modo de enfoque do papel do advogado na sociedade, da prestação de serviços legais, da organização das práticas legais e da localização da autoridade legal tem agora se expandido pela Europa e está exercendo grande influência por todo o mundo. A penetração do "modo americano de produção do direito" em campos jurídicos na Europa e em outros lugares é o resultado e a causa do surgimento de áreas jurídicas transnacionais e da mencionada internacionalização dos campos jurídicos. A história européia é, em grande parte, o relato do confronto entre uma antiga tradição jurídica, ou um determinado modo de produção do direito, e novas formas fortemente influenciadas por forças e modelos transatlânticos. Além do mais, desde que o "antigo modo europeu de produção do direito" influen-

8. Para um útil exame conceitual da interpretação de um campo jurídico por outro e a relação entre estes efeitos e o sistema mundial, ver Boaventura de Sousa Santos, "Law in the World System: From Legal Diaspora to Legal Ecumene", op. cit.. Nos estudos de casos, nós exploramos a crescente importância, a nível mundial, do campo jurídico americano sob condições de globalização, mostrando como os atores jurídicos norte-americanos têm causado um importante efeito na transformação dos campos jurídicos na Europa e no mundo em desenvolvimento.

ciou muitas outras partes do mundo, através da dominação colonial e da influência cultural, o conflito entre os modos de produção do direito "americano" e "europeu" está sendo repetido, do mesmo modo, em qualquer lugar. Então, para compreendermos claramente esta história, assim como para compreendermos a internacionalização em qualquer parte do mundo, é importante entendermos a diferença entre esses dois modos. Nesta parte do texto, vamos expor um simples esboço dos contrastantes caminhos para a produção do direito.[9]

A. *O Direito na Sociedade Liberal: a Construção Social de Legitimidade*

Nossos modelos para diferenciar os modos de produção do direito voltam-se para diferenças quanto à natureza das pretensões de legitimidade dos campos jurídicos e para o modo com que estas pretensões se refletem em suas práticas e instituições. Eles representam diferentes modos com que os campos jurídicos asseguram e mantêm a legitimidade naquelas sociedades em que o direito tornou-se um campo autônomo, as quais são por nós denominadas sociedades "liberais".[10] A idéia absoluta de um campo jurídico, a qual afirma a autonomia do direito, só faz sentido num certo tipo de sociedade e só pode ser assegurada sob certas condições sociais. Para que a idéia surja, obtenha consenso e seja refletida em instituições e práticas, a sociedade deve ser dividida, mas as divisões devem ser instáveis e não completamente legitimadas. A idéia de "império do direito", que afirme a existência de uma ordem normativa independente da hierarquia social, não faz sentido tanto na ausência de divisões importantes como em circunstâncias em que estas divisões são estáveis e aceitas por todos. As sociedades "liberais" são constituídas por grupos e classes sociais diferenciados e estratificados, mas estas divisões e ordens hierárquicas não podem ser totalmente justificadas por nenhuma visão social compartilhada, nem por uma ideologia amplamente aceita. Em tais circunstâncias a idéia de uma esfera de direito neutra legitima o que, por outro lado, seria visto como o exercício injustificável de poder por grupos dominantes na sociedade.

9. Estes modelos típico-ideais são experimentais e muito simplificados. Eles tentam ir além dos resultados de Weber na sua teorização macro-social sobre o direito e são influenciados pela demonstração do modelo weberiano feita por Roberto Mangabeira Unger, op. cit.

10. Nós retiramos este termo de Roberto Mangabeira Unger, op. cit.

Nas sociedades liberais, as ordens jurídicas ganham legitimidade por diferentes formas e, assim, os campos jurídicos diferem-se em seus alcances, posições e conflitos característicos. Elas também produzirão diferentes formas de compreendimento e disposições parciais, o *habitus*. De qualquer forma, todas estão diante de um dilema comum: na prática, elas têm que afirmar a unidade e a autonomia do campo jurídico enquanto adaptam a diversidade da organização social. Além do mais, desde que os campos jurídicos estejam estreitamente vinculados aos "campos" social, econômico e político, hierarquicamente ordenados, eles são influenciados pelas absolutas hierarquias de poder e privilégio, pelas quais são constituídos para se libertarem, e isto é refletido em suas estruturas. *Portanto, tudo num campo jurídico deve simultaneamente negar a hierarquia e ao mesmo tempo servi-la.* Este dualismo leva ao que muitos vêem como a hipocrisia característica do direito e dos advogados.

B. O Antigo Modelo Europeu

Historicamente, os sistemas legais da Europa Continental confiaram sua legitimidade à autoridade da ciência jurídica. A autoridade legal derivava de códigos que eram produzidos "cientificamente" e eram incorporados à doutrina oficial mantida por aqueles que estavam no topo da pirâmide acadêmica. Os campos jurídicos eram organizados segundo linhas estritamente hierárquicas, que colocavam os líderes acadêmicos e a alta corte de juízes no ápice da hierarquia. Os campos também eram segmentados, tanto que cada área de prática jurídica era tomada separada das demais. A divisão de trabalho e poder, entre aqueles que praticavam o direito e aqueles que o produziam e o interpretavam, era claramente definida. Os praticantes, que tinham um contato diário com as realidades da vida quotidiana, eram vistos como inferiores em relação aos líderes acadêmicos. Os acadêmicos superiores, ou "guardiães do templo", apresentavam-se como se estivessem trabalhando no reino do "puro direito", indiferentes à vida social e distantes de suas divisões e conflitos.

Ao mesmo tempo, os campos jurídicos europeus estavam vinculados a, e afetados por, hierarquias de poder de outros campos sociais. Aqueles que se encontravam no ápice da pirâmide eram extraídos da elite econômica e social e mantinham estreitos vínculos pessoais com seus parceiros econômicos e sociais. Somente um número muito limitado de "notáveis" jurídicos (na maioria professores) estavam autorizados a "ditar o direito" (*jus honorarium*). Apesar de serem formalmente independentes de clientes e distantes do comércio, estes oráculos do direito eram amplamente compensados por abundantes clientes que podiam pagar os altos custos de sua opinião jurídica oficial, as quais tinham um grande peso junto às cortes e aos corpos reguladores. A hierarquia e a divisão do trabalho no campo jurídico significou que as mais altas fontes do direito podiam manter a aparência de distância da prática, da divisão social e da atividade comercial. A escassez de autoridade legal significou que aqueles que podiam dizer o direito estavam todos intimamente vinculados aos poderes do *status quo*, exteriores ao campo jurídico. O sistema ganhou sua legitimidade a partir da essência imparcial da ciência e do prestígio dos oráculos do direito.

Os advogados operavam individualmente ou em empresas de pequeno porte, que se especializavam em áreas específicas do direito. A prática jurídica era orientada em torno de litígios e os advogados desempenhavam papéis relativamente restritos ao âmbito geral dos assuntos das firmas de negócios. A idéia do advogado como um conselheiro geral de negócios ou da empresa jurídica como um conglomerado de especialidades tem-se enfraquecido. O ensino jurídico continental europeu estava intimamente ligado ao âmbito das Universidades, mais que à profissão, e orientava-se em direção à supremacia das regras e da doutrina, mais que ao desenvolvimento de generalizadas habilidades analíticas. Por outro lado, as faculdades de direito não serviam como uma porta principal para a entrada na profissão ou para os seus mais altos postos: estes processos têm sido controlados quando muito por conexões no trabalho e relações pessoais, assim como pela performance acadêmica nas faculdades.

O antigo modelo europeu gerou legitimidade principalmente pela falta de limites do campo, pela aparente autonomia dos produtores do direito e pela escassez de interpretações oficiais (esta era suportada devido ao estreito relacionamento entre o campo jurídico e o Estado, que em si mesmo é uma fonte de legitimidade). Os campos jurídicos europeus mantinham seus contatos com outros campos sociais, e assim seus compromissos com as hierarquias existentes de poder e riqueza, por intenções informais e discretas. Em contraste com o modelo americano, eles não davam muita ênfase ao que os americanos denominam de atividades "pro-bono", ou seja, ao direito em benefício do interesse público. Esses campos também não reconheciam o prestígio daqueles advogados que ganhavam causas populares e nem daqueles que representavam os desfavorecidos.

C. O Modelo Norte-Americano

Economistas políticos referem-se algumas vezes à estrutura básica da regulamentação do capitalismo econômico no período pós-Segunda Guerra Mundial como "fordismo", um termo que designa um conjunto de relações sociais, econômicas e políticas organizadas em torno da produção de bens de consumo duráveis em larga escala, como principiado por Henry Ford.[11] Seguindo este modo de expressão, nós nos referimos ao modo norte-americano de produção do direito como "cravathismo": este é um sistema em cujo centro está a vasta empresa do direito com múltiplas propostas, orientada comercial e nacionalmente como no modelo pioneiro de Paul Cravath no século XIX.

I — Organização da Prática

O claro contraste entre o "cravathismo", ou modo americano de produção do direito, e o sistema europeu reside na organização da prestação de serviços jurídicos aos negócios. Mas o sistema "cravathista" de organização de serviços jurídicos corporativos apresenta tanto características únicas como gerais da cultura jurídica norte-americana e tem um impacto que transcende o reino do direito econômico. Deste modo, a grande empresa de advogados é não só o emblema como a máquina de todo o campo jurídico norte-americano.

A grande empresa de advogados concentra experiência jurídica em vários campos, oferece serviços de consultoria que transcendem apropriadamente o estreito campo de conselhos, litígios e preparação de documentos, e opera numa escala regional ou nacional. Os "serviços jurídicos" que provê incluem a preparação da legislação e a regulamentação administrativa assim como a prática de "lobbing" e outras formas de advocacia não judiciais. No cenário norte-americano, por causa das variações nas leis estatais, as grandes empresas de advogados têm desenvolvido a capacidade de analisar e comparar ordens jurídicas diferentes e concorrentes, e desenvolver estratégias através das quais seus clientes podem ser favorecidos pela diversidade legal e pela complexidade inerente ao sistema legal federal.

11. Fordismo é um termo utilizado pela "Escola Regulamentadora" formada por economistas franceses. Ver, por exemplo David Harvey, *The condition of postmodernity*, Cambridge, Blackwell.

II — O Impacto na Cultura Jurídica

As grandes empresas de advogados exercem influência substancial na cultura jurídica. Exceto para alguns juizes das mais altas cortes, a corporação de advogados encontra-se no pico da hierarquia do campo jurídico nos Estados Unidos. A "advocacia corporativa" norte-americana volta-se, principalmente, para o planejamento estratégico e aconselhamento a clientes, tem a capacidade de mobilizar recursos quase que ilimitados e todos os tipos de experiência e opera em muitas áreas legais e semi-legais. Este modelo de advocacia tem influenciado outros setores do campo jurídico: tem sido adotado pelas repartições governamentais e escritórios corporativos de consultoria e copiado (dentro dos limites possíveis) por advogados que defendem o interesse público e pelos protetores dos desfavorecidos.

A influência do setor corporativo do direito na faculdade de direito é direta e substancial. Os advogados corporativos, que constituem a elite do campo jurídico norte-americano, são recrutados nas mais prestigiadas faculdades de direito. As faculdades de direito norte-americanas servem como uma porta de entrada para a profissão e ajudam a construir as suas hierarquias. Enquanto a classe social e a vantagem simbólica atuam no recrutamento para as mais altas posições na profissão legal tanto nos Estados Unidos como na Europa, os critérios meritórios e a performance acadêmica nas faculdades de direito são muito mais importantes no modo cravathista de produção do direito do que no antigo sistema europeu. Em boa parte, as faculdades adquirem prestígio pelos altos salários que os seus estudantes garantem na graduação, assim que eles competem vigorosamente pelas posições de favoritismo nacional, o que para eles significa que entrar numa dada escola garantir-lhes-á oportunidades lucrativas na carreira. A competição por altas posições e conseqüentemente pelos estudantes mais qualificados, junto com a orientação de estudantes que entram nas faculdades elitistas, influenciam o acesso do professorado empregado nas faculdades e na definição dos programas acadêmicos. E por causa do privilégio das faculdades elitistas e da competição generalizada para entrar no círculo encantado destas faculdades, estes aspectos irradiam a bem definida hierarquia da educação jurídica norte-americana. O impacto financeiro do setor de advogados corporativos na educação jurídica americana é também muito importante. Muitas faculdades de direito, principalmente as mais prestigiadas, são dependentes diretamente do suporte financeiro dos seus alunos. Dados os salários dos advogados americanos, a maior parte do dinheiro recebido pelas faculdades são das corporações de advocacia.[12] Estes ex-alunos exercem sutil (mas nem tanto) influência nas universidades, como a escolha dos diretores, a orientação do programa curricular e até a nomeação do professorado.

III — Modo de Legitimação

O modo norte-americano de produção do direito adquire legitimação de maneiras muito diferentes das do sistema europeu. À medida que as empresas corporativas de advogados são um agente central na produção do direito no sistema norte-americano, a relação entre a hierarquia social e o campo jurídico é mais direta e aberta nos Estados Unidos do que tem sido tradicionalmente na Europa Continental. Os grandes advogados corporativos ganham mais de $500 por hora e alguns podem chegar a receber acima de $1,000,000 por ano. Isto apenas faz com que eles pareçam autônomos em relação às hierarquias sociais e econômicas, embora os métodos mais meritórios de admissão possam compensar, em parte, este "efeito ilegitimador". Além disso, enquanto os notáveis juristas europeus cultivam a indiferença com relação aos interesses comerciais e aos de seus clientes, as empresas corporativas norte-americanas estão organizadas como entidades voltadas para o lucro e se identificam com seus abundantes clientes.

Contudo, outros mecanismos preservam o espírito da objetividade, da autonomia e da distância do campo jurídico norte-americano. A natureza empresarial da profissão jurídica norte-americana, sua precoce adoção de métodos e práticas negociais, sua tradição de advocacia zelosa em favor de seus clientes e a falta de uma forte tradição de uma ciência jurídica autônoma invalidou os métodos de legitimação europeus no Novo Mundo. Em vez disso, o sistema americano baseia-se em um culto de serviços ao direito e à construção do equilíbrio de poder para suportar as necessidades do campo jurídico pela aparente autonomia em relação às hierarquias dos campos sociais e econômicos. É dada muita ênfase ao dever da profissão para garantir que o sistema legal opere em favor de

12. A maior parte das faculdades elitistas de direito são privadas e são financeiramente independentes das universidades das quais elas fazem parte. Elas obtêm suas rendas principalmente das mensalidades dos estudantes e das doações dos bacharéis e de outros patrocinadores. Mais de uma terça parte das rendas anuais de muitas faculdades elitistas são provenientes de presentes ou doações e grande parte deste dinheiro tem sido doado por advogados ou empresas do setor corporativo. As poucas faculdades que têm assistência estatal que se encontram em altas posições do círculo elitista (como Michigan e Berkeley) obtêm uma assistência adicional de rendas estatais, mas as doações dos seus ex-alunos são decisivas para que elas possam competir com as escola privadas, como Harvard, Yale e Stanford.

todos, ainda que através de "reformas" neutras ou através da criação (e subsídio) do equilíbrio de forças jurídicas. Os advogados de Wall Street estão sempre orgulhosos de seus compromissos com serviços públicos, ainda que isto inclua o preenchimento das muitas brechas do sistema legal durante a tarde, as mesmas que eles estavam aproveitando a favor de seus clientes corporativos durante as manhãs. Complementando a tradição "pro-bono" dos "gentis advogados" de Wall Street, a profissão jurídica nos Estados Unidos, mais do que qualquer outra, tem adotado a idéia do equilíbrio de forças jurídicas, dispondo de serviços jurídicos para os pobres, impondo um dever geral de serviço "pro-bono" e adotando uma exclusiva "empresa de defesa do interesse público" norte-americana. Estas formas de legitimação através de reformas neutras e do equilíbrio de forças encontra-se num forte contraste com o tradicional sistema europeu.[13]

4. *A INTERNACIONALIZAÇÃO DOS CAMPOS JURÍDICOS: (2º) O DIREITO EUROPEU E A TRANSFORMAÇÃO DOS CAMPOS JURÍDICOS NACIONAIS*

Nesta parte, traçamos os recentes desdobramentos na Europa, mostrando como dois processos correlacionados — a emergência de um mercado que chamamos "Direito Europeu" e a adaptação ao estilo americano dos métodos de Direito Econômico — estão transformando os complexos jurídicos europeus e revolucionando o antigo modo europeu de produção do Direito.[14]

13. Este modo de legitimação introduz novas forças dentro do campo jurídico cuja influência é sentida até certo ponto. Esta questão de se o serviço prestado através de reformas neutras beneficia muito os clientes corporativos e de se os poderes equilibradores como as empresas do direito de interesse público são realmente fortes o suficiente para que sejam efetivas contra o exército de advogados corporativos que eles freqüentemente enfrentam é altamente debatida e vai além dos escopos deste trabalho. Para uma discussão ver, por exemplo David M. Trubek "Complexity and Contradiction in the Legal Order: Balbus and the Challenge of Critical Social Thought about Law" op. cit.

14. Esta seção está baseado em extensiva pesquisa realizada pela Equipe de Pesquisas em Profissões Jurídicas no CRIV, e seus colaboradores europeus. Para análises mais detalhadas e datas específicas, bem como citações, veja Yves Dezalay, *Marchands de droit, La restructuration de l'ordre juridique international par les multinationales du droit* (Paris, Fayard); Yves Dezalay "Multinationales de l'expertise et 'deperissement de l'Etat', La restructuration de la regulation transnationale de l'activite economique par les nouveaux clercs-mercenaires du droit des affaires" *Actes de la Recherche*, Paris; Yves Dezalay, *Batailles territoriales et rivalités de cousignage, Juristes et comptables sur le marché europeen du conseil aux enterprises*, Paris, LGDJ; Yves Dezalay e David Sugerman, *Professional Competition and the Social Construction of Markets*, op. cit..

A. Introdução e Síntese

Os antigos ordenamentos jurídicos europeus estão passando por um maciço processo de mudanças. Em decorrência da criação da Comunidade Européia, da abertura de fronteiras, da restruturação das economias européias e do crescente número de firmas negociais que operam simultaneamente em diversos países europeus, um novo mercado para as atividades jurídicas tem surgido. Este "mercado de direito europeu" exerce uma poderosa força sobre os campos jurídicos nacionais dos Estados Membros da Comunidade Européia. As antigas estruturas de direito econômico do(s) campo(s) jurídico(s) europeu(s) provaram-se incapazes de corresponder às novas demandas trazidas pelo mercado de direito europeu. No entanto, as firmas corporativas americanas possuem o exato tipo de organização, "know-how" e tecnologia necessários para atender a esta demanda. Muitas estabeleceram um posto de vanguarda na Europa antes mesmo da criação da Comunidade Européia. Conforme a demanda por um direito europeu expandia-se, elas cada vez mais podiam obter uma maior participação no mercado emergente. Os americanos pioneiros foram seguidos pelos retardatários, e o papel das firmas americanas cresceu, assim como a extensão dos serviços por elas oferecidos. As grandes firmas corporativas americanas juntaram-se às Seis Grandes Firmas Contábeis, que começaram a oferecer serviços jurídicos e contábeis, bem como serviços de consultoria administrativa.

Desafiados, por um lado, pela invasão transatlântica dos advogados de Wall Street, e por outro pela expansão das firmas contábeis dentro do mercado de serviços jurídicos, os advogados de alguns países europeus, especialmente no Reino Unido e na Holanda, começaram a se reorganizar no estabelecimento de um empreendimento de serviços pluridisciplinares e multinacionais. Na criação destas novas firmas européias, foram adotados elementos tanto dos "invasores" americanos como das firmas contábeis "intrusas", mesclados com alguns dos "antigos" procedimentos europeus. Das firmas de Wall Street, as novas firmas européias emprestaram a tradição de uma agressiva e completa "mega-atuação jurídica".[15] Das firmas contábeis foi tomada a idéia de uma forte integração das práticas contábeis, econômicas e jurídicas (pluridisciplinariedade) e uma tradição empresarial ainda mais forte que a das firmas americanas de serviços jurídicos. Com isto elas mesclaram elementos retirados do antigo modelo europeu, inclu-

15. Para uma descrição de "mega-atuação" do direito, veja Galanter "Mega-Law and Mega-Lawyering in the Contemporary U.S." in R. Dingwall and P. Lewis (eds.) *The sociology of the professions*, London, Macmillan.

indo a proximidade de contato com acadêmicos de alto nível ou juristas "notáveis", bem como o recrutamento de advogados cosmopolitas provindos das elites. Estes desdobramentos levaram à criação de um tipo híbrido de firma jurídica corporativa européia, que em alguns casos pode estar ainda melhor adaptada a um mercado de direito europeu do que as firmas de serviços jurídicos e contábeis americanas. Os híbridos europeus estão agora desafiando tanto as firmas contábeis americanas quanto as legais, no que diz respeito ao domínio do mercado de direito europeu, e podem apresentar um futuro desafio a elas em outros mercados na periferia do capitalismo.

Estes acontecimentos têm tido um profundo impacto nos campos jurídicos nacionais da Europa. O desafio posto por todos os três atores transnacionais (firmas americanas, firmas contábeis e híbridos europeus) está afetando todo o modo de produção do direito no continente europeu. Novos sub-campos estão se desenvolvendo, e outros que se encontravam na periferia do campo jurídico estão se centralizando. O desafio transnacional está afetando o relacionamento entre as antigas elites judiciais e acadêmicas (o que os franceses chamam de "*noblesse de robe*") e pragmatistas, conforme o *status* dos primeiros retrocede e o dos últimos avança. Mudanças estão ocorrendo na regulamentação das profissões jurídicas, e na organização dos juristas e professores em relação à prática e quanto ao papel do Judiciário.

B. O Mercado de Direito Europeu

Existem duas dimensões básicas do mercado de direito europeu. A primeira (dimensão vertical) é a mais conhecida: a Comunidade Européia cria um novo centro de produção de direito e aplicação de normas que se superpõem ou influencia enormemente as leis nacionais dos Estados Membros. Mas a segunda (dimensão horizontal do mercado) é igualmente importante. Isto é, o mercado europeu de direito também inclui serviços jurídicos destinados a fornecer consultoria econômica nas diferentes, e muitas vezes conflitantes, leis de muitos dos Estados Membros, bem como em meios de se usar estas normas conjuntamente com as normas da Comunidade para diversos objetivos táticos.

I — Vertical: uma Nova Fonte do Direito

O mercado vertical é formado pelo enorme corpo das nova normas legais que emanam de Bruxelas (sede de importantes organismos multinacionais) e dos seus fóruns judiciais e regulatórios criados sob o Tratado de Roma. Este corpo de legislação da Comunidade Européia modifica as leis de todos os Estados Membros, e cria demandas por novos tipos de atuação do direito.

Era esperado que a criação da Comunidade Européia afetasse os ordenamentos legais dos Estados Membros e a prática interna da lei. Mas o volume, a densidade e a importância da legislação da Comunidade Européia têm sido ainda maiores que as previsões que poderiam ter sido feitas por observadores quando do processo de formação da Comunidade. As razões para a "juridificação" da Comunidade Européia são complexas: a mais importante, talvez, é que foi provado ser mais fácil criar a Comunidade através do direito do que da política. Freqüentemente, tem sido difícil para os governos dos Estados Membros alcançar o consenso interno necessário para a construção da Comunidade: nesta situação, tem sido tentador permitir que Bruxelas determine diretivas que possam ser apresentadas como emanadas de um nível superior, e então apresentá-las para os parlamentos nacionais como custos necessários à integração.[16] E, ainda quando os Estados Membros não têm sido capazes de concordar, a Corte Européia tem algumas vezes agido agressivamente por conta própria, interpretando o Tratado de Roma e acordos subseqüentes e, deste modo, criando um corpo legislativo "quase-constitucional" em nível europeu.

O impacto da lei européia sobre os campos jurídicos nacionais é mais visível naquelas áreas em que a lei da Comunidade Européia tem efeito direto: isto é, onde o Tratado de Roma e a jurisdição e legislação comunitária estão diretamente subordinadas dentro de todo o espaço da Comunidade Européia. A lei comunitária nestas áreas, como a legislação anti-truste e comercial, tem efeitos diretos, sobrepondo-se à lei nacional. Entretanto, a lei européia também inclui diretivas de harmonização, através das quais a Comunidade procura criar um "campo uniforme de atuação jurídica", compelindo todos os Estados Membros a adotarem procedimentos e normas similares para áreas determinadas. Além disso, a lei européia não inclui somente regulamentações positivas: também compreende proibições negativas, por exemplo, restrições na legislação de nível nacional em tópicos nos quais a Comunidade definiu legislação exclusiva. A emergência de Bruxelas como uma nova fonte do direito, a centralização da regulamentação destas áreas como fusões e relações comerciais internacionais, o

16. Este é um exemplo daquilo que foi chamado "jogo de barganha em dois níveis" na teoria das relações internacionais.

crescente papel da Corte Européia e a proliferação de diretivas de harmonização em todas a áreas, desde a responsabilidade por mercadorias até aditivos para alimentos, todos combinam-se em acrescentar um novo e dinâmico setor ao campo jurídico de cada um dos Estados Membros. Os negócios precisam de assessoria neste corpo jurídico em expansão e rápida mudança. Para fornecer serviços nestas áreas, os advogados devem obter familiaridade com esquemas de regulamentação totalmente novos, e ter acesso aos tomadores de decisão em Bruxelas.

II — Horizontal: pilotos para navegar entre diferentes sistemas legais

Entretanto, o mercado de direito europeu possui outro aspecto que é igualmente importante. A abertura de fronteiras e o desenvolvimento de novos métodos de produção, financiamento, "marketing" e vendas significa que mais e mais negócios na Europa são conduzidos em diversas jurisdições nacionais ao mesmo tempo: uma companhia pode construir estabelecimentos em diversos países, levantar capital em outros e vender seus produtos ao longo da Comunidade Européia e além. Firmas engajadas em operações negociais multinacionais entram em contato com diversos corpos de direito nacionais.

Pode-se pensar que o desenvolvimento da Comunidade Econômica Européia e a harmonização gradual do direito pode reduzir estas diferenças nacionais e assim diminuir o tamanho do mercado de direito europeu "horizontal". No entanto este não é necessariamente o caso. Em primeiro lugar, Estados Membros têm demonstrado atitudes muito diferentes através da consolidação das leis da Comunidade Européia, cuja maioria está contida em diretivas as quais devem ser interpretadas pelos ordenamentos nacionais. Mesmo quando uma diretiva tem sido aprovada, as variações nacionais continuam a reforçar a competição entre ordens jurídicas nacionais, deste modo gerando sanções explícitas da Comunidade à continuada diversidade entre complexos jurídicos nacionais.

Para navegar através destas formações jurídicas e obter o máximo de vantagens que elas possam oferecer ao evitar impostos, reduzindo os custos conforme leis protecionistas, e levantando fundos a custo baixo, firmas precisam de assessores com habilidades muito especiais. Para ser um piloto de sucesso nestas águas, assessores jurídicos devem ser capazes de integrar conhecimento legal e estratégia negocial; conhecer simultaneamente diferentes áreas do direito (tributário, seguros, trabalho, responsabilidade por produtos etc.) e como elas se interrelacionam; estar familiarizado com as leis de muitos países; e entender o impacto relacionado à lei da Comunidade Econômica Européia em diferentes ordem jurídicas nacionais.[17]

C. O Antigo Método de Produção do Direito não Satisfaz às Novas Necessidades

O mercado europeu de direito criou demandas que não podem ser satisfeitas pelo antigo modo europeu de produção do direito. Este sistema baseia-se na estrita hierarquia e assenhoramento, rígidas divisões entre os acadêmicos que podem "ditar o direito" e práticas que entendem as necessidades e práticas negociais e a segmentação dos sub-campos jurídicos (como por exemplo, tributação, direito comercial, litigação etc.). Além disso, as elites jurídicas, que cultivaram uma imagem de restrição e distanciamento das atividades comerciais, eram um grupo muito restrito: a entrada era limitada aos advogados que combinavam excelência acadêmica com capital social e que passavam longos anos como discípulos de notáveis ("seniors"). O sistema não podia crescer rapidamente em resposta a uma maior expansão de demandas, desde que uma característica fundamental do antigo modo europeu era limitar a um pequeno grupo de reconhecidos juristas já experientes a atividade jurídica especializada legítima. Não poderia produzir assessoria baseada na integração de negócios e fatores jurídicos pois os membros do "clube dos antigos sacerdotes" tinham cultivado o distanciamento dos negócios econômicos e de suas necessidades. Foi obstruído na sua habilidade de integrar conhecimentos de diversas áreas porque as especificidades estavam estritamente segmentadas em matérias separadas. Os "velhos" juristas europeus não podiam fornecer as habilidades de pressão ("lobby") necessárias para influenciar a legislação em nível europeu (ou nacional) porque o culto

17. Para uma discussão das demandas do mercado de direito europeu horizontal, veja W. Armitage, "From club to global firm: forging international links", *International Financial Law Review*, May 1990, p. 22. Armitage anota que negociações comerciais dentro da Comunidade Européia: "...devem compreender três ambientes jurídicos: aquele de seu país de origem, aquele de qualquer outro Estado Membro da Comunidade Européia no qual eles operam e o ambiente jurídico estabelecido pela lei da Comunidade Européia. Uma companhia não pode evitar as conseqüências legais da integração européia. Mesmo se se escolher praticar o comércio dentro de suas próprias fronteiras nacionais, a lei da Comunidade Européia se aplicará", idem, p. 22-23.

do distanciamento significava que a confraria dos notáveis manteve tanta distância da política quanto dos mercados. Em decorrência dos advogados terem se formado e crescido na antiga tradição européia, esquivaram-se de qualquer comportamento empreendedor e não se mostraram dispostos a entrar no filão que o novo mercado abriu. Finalmente, o antigo modelo europeu estava intimamente ligado às estruturas e tradições e os "velhos" advogados europeus estavam inadequadamente equipados para lidar com a altamente tecnocrática mescla regulatória emergente de Bruxelas, ou lutar com as tradições de outros sistemas jurídicos europeus.

D. Novos Atores entram nos Campos Jurídicos Europeus

Por causa das restrições criadas pelo antigo modo de produção do direito europeu, novos atores externos às estruturas e tradições jurídicas profissionais européias puderam explorar o crescente mercado de direito europeu. Estes recém-chegados ao campo jurídico europeu interpretaram um importante papel na construção da nova ordem jurídica européia, emprestando suportes para o desenvolvimento do Direito Europeu através das instituições da Comunidade Européia em Bruxelas e pressionando pela "modernização" e "europeização" dos direitos domésticos dos Estados Membros. Ao mesmo tempo, estes novos atores do palco europeu lideraram os modos de desenvolvimento das novas interpretações para a atividade jurídica e a organização dos serviços legais para atividades negociais, criando assim um desafio à antiga forma de produção do direito na Europa. Nesta seção, enfocamos quatro diferentes atores: (i) firmas americanas que desenvolveram práticas européias; (ii) as Seis Grandes Firmas Contábeis que se transformaram em conglomerados consultivos multinacionais fornecendo serviços jurídicos, financeiros e de auditoria; (iii) assessorias internas das corporações européias que emergiram do pano de fundo dos negócios para interpretar um papel mais decisivo dentro de suas firmas; e (iv) as novas firmas jurídicas multinacionais européias que foram criadas nos últimos dez anos nas linhas traçadas pelas firmas americanas.

I — Firmas Legais Americanas

Algumas firmas legais americanas tinham estabelecido posição de vanguarda na Europa antes da Segunda Guerra Mundial. Mas o verdadeiro crescimento destas firmas na Europa começou depois da

Guerra. O Plano Marshall e a reconstrução da Europa trouxeram alguns advogados americanos para as capitais européias, onde eles participaram da administração dos fundos do Plano Marshall e da criação inicial da Comunidade Européia do Carvão e do Aço, a precursora da Comunidade Européia. Tão logo a Europa recuperava-se da guerra e sua economia começava a se expandir, as corporações multinacionais começavam a expandir suas operações na Europa, criando assim maiores negócios para as firmas jurídicas que as acompanhavam na Europa. Certo número de firmas jurídicas americanas expandiram seus pequenos escritórios europeus e algumas (como a Cleary Gottlieb and Coudert Brothers) atuaram simultaneamente em Bruxelas e muitas capitais nacionais, por exemplo Paris e Londres. Essa tendência foi ainda mais acelerada pela emergência do "eurodólar" e os mercados do "petro-dólar", que se tornaram as fontes majoritárias de financiamento para as operações globais das firmas multinacionais americanas. Havia assim um certo número de firmas americanas bem estabelecidas no cenário europeu do final dos anos 70: elas estavam bem posicionadas para levar vantagem sobre o mercado europeu de direito que se acelerou nos anos 80 como um resultado do movimento do próprio Mercado Europeu, da tendência em favor da privatização das empresas estatais européias, do "big bang" no Reino Unido e outros mercados financeiros e da concomitante onda de fusões e incorporações que varreu a Europa no final dos anos 80.

As firmas americanas trouxeram para a Europa métodos de organização e estilos de atuação do direito que deram a elas uma verdadeira vantagem enquanto o mercado europeu de direito crescia. Elas costumavam fornecer serviços jurídicos completos, agrupando especialistas de todas as áreas do direito relevantes às operações comerciais. Elas estavam melhor preparadas para desenvolver regimes contratuais necessários à administração das relações econômicas desenvolvidas sobre condições de incerteza e rápida mudança do direito. E elas costumavam operar em múltiplas jurisdições ao mesmo tempo, tendo aprendido nos Estados Unidos como explorar o potencial de um sistema federal dualista dividido em cinqüenta Estados, em benefício de seus clientes domésticos, as corporações. Elas estavam, assim, prontas para agarrar as oportunidades criadas pelo desenvolvimentos do Direito Europeu e a competição entre os ordenamentos jurídicos nacionais. As firmas americanas tinham também aprendido como administrar organizações de serviços jurídicos de larga escala, operando em muitas jurisdições ao mesmo tempo, congregar habilidades jurídicas e financeiras e usar o direito tática e agressivamente, em benefício de seus clientes. Isto as colocou em uma forte posição, a qual foi explorada completamente, expandindo a fronteira dos seus serviços para seus clientes americanos e acrescentando clientes europeus que precisavam de orientação no novo mundo jurídico que se delineou na Europa quando o Mercado Comum tornou-se realidade.

À medida que as firmas americanas se expandiram, elas se tornaram mais e mais "europeizadas". As firmas americanas tinham começado pelo revezamento de sócios de seus escritórios americanos, mas desde o começo empregaram advogados europeus mais jovens (freqüentemente mestres por uma grande faculdade de direito americana) como associados. E alguns dos sócios líderes desenvolveram raízes na Europa (por exemplo, casando-se com esposas européias) e se tornaram legal e permanentemente expatriados. À medida que o mercado se expandia, as firmas americanas aumentaram a participação de advogados europeus, tanto a nível "júnior" quanto "sênior". Elas atraíram proeminentes jovens europeus que estavam familiarizados com as técnicas de atuação do direito americanas e se sentiam confortáveis com a atividade em uma grande firma, mas também eram capazes de operar efetivamente nos sistemas jurídicos nacionais de diversos países europeus e assim capazes de acompanhar o aprofundamento da prática do Direito Europeu conforme este se movia de um núcleo de regulamentação e transações financeiras da Comunidade Européia para a restruturação da divisão interna do trabalho econômico dentro da Europa.

Não só estavam as firmas européias cada vez mais "europeizadas": elas também contribuíam diretamente para a "americanização" dos campos jurídicos europeus. As firmas americanas tornaram-se virtuais "escolas de aperfeiçoamento" em métodos legais americanos para uma geração de jovens advogados europeus. Em decorrência do fato de muitos jovens advogados europeus se revezarem através das grandes firmas européias, tanto na Europa quanto nos escritórios americanos, mas somente alguns se tornarem membros, as firmas americanas ajudaram a criar um grupo de "alumni" que foram bem treinados no modo "Cravathista" de produção do direito e estes levaram estas novas habilidades e disposições consigo quando se juntaram às firmas européias ou ajudaram a criar novas organizações legais controladas por europeus que estariam melhor adaptadas para resolver as demandas do mercado europeu de direito.

II — As Seis Grandes Firmas Contábeis

A segunda leva de "novos atores" no comércio jurídico europeu foram as Seis Grandes Firmas Contábeis. Estas firmas desenvolveram subsidiárias jurídicas que, em alguns países, vieram a interpretar um importante papel no mercado de serviços jurídicos de corporações.

Assim, por exemplo, as subsidiárias jurídicas da Seis Grandes constituem seis das maiores firmas corporativas jurídicas na França, e ocupam um importante papel também em outros países continentais.

A contabilidade na Europa sempre exerceu um papel à margem dos campos jurídicos, e muitos contadores têm treinamento jurídico. No entanto, os advogados de elite tendem a olhar por cima destes "vizinhos pobres", que eram vistos mais como homens de negócios do que como verdadeiros "profissionais" do antigo sistema europeu. O crescimento de mercado de direito europeu e o aumento de prestígio que ele trouxe aos advogados que também tinham habilidades de análise negocial, proporcionou aos contadores-advogados uma oportunidade de mobilidade profissional. À medida que os campos jurídicos se modificavam, em parte como resultado de seus próprios esforços, os contadores transformaram-se de atores "marginais" em intérpretes centrais.

As firmas contábeis sempre foram uma importante fonte de consultoria tributária em matéria de negócios, um campo do qual os antigos profissionais jurídicos europeus mantiveram grande distância. As Seis Grandes Firmas estavam aptas a utilizar impostos como uma base para a expansão de suas demandas no sentido de especialização jurídica, em parte porque os advogados não haviam ocupado completamente este sub-campo na Europa. À medida que o mercado crescia, os contadores aperfeiçoavam sua capacidade de fazer o trabalho relativo a impostos através do recrutamento de empregados dos escritórios tributários do governo.

Enquanto a restruturação internacional e a onda de fusões e incorporações começavam a atingir a Europa, os contadores estavam bem posicionados para obter uma maior fatia do mercado. Eles podiam fornecer cobertura global (eles já eram conglomerados globais) e serviço completo em todos os aspectos de planejamento negocial e estratégico. Deste modo, as firmas contábeis recrutavam advogados de perfil elevado, e se expandiam de tributação e auditoria para consultoria jurídica, financeira e econômica completas. Estavam elas assim capazes de competir com as grandes firmas americanas e com as firmas jurídicas multinacionais européias que adotaram os métodos das firmas jurídicas norte-americanas e suas estruturas organizacionais. Elas forneciam um leque de serviços até mesmo mais completo, e caracterizavam-se mesmo como mais internacionalizadas em suas operações. Além disso, as firmas contábeis forneciam grupos de serviços mais padronizados e, assim, eram capazes de competir em preço, pois forneciam seus serviços com preços de certa forma abaixo daqueles praticados pelas caras multinacionais jurídicas. Assim, quando elas entraram no mercado com serviços jurídicos completos e de "engenharia" financeira, as Seis Grandes foram capazes de obter uma significante porção do mercado, especialmente nos segmentos mais baixos, nos quais preço era mais importante, e no sul da Europa, onde o "advogado de negócios" era menos conhecido.

III — Assessoria Interna nas Corporações Européias

Nos Estados Unidos, o papel de assessoria interna expandiu-se há poucos anos. Os advogados "internos" em grandes corporações obtiveram o papel de assessores gerais principalmente conduzidos pelos membros "sêniors" das grandes firmas jurídicas, e escritórios de assessoria interna assumiram mais do que a pressão da rotina de trabalhos jurídicos e de gerenciamento do trabalho de firmas externas. Estas tendências podem também ser vistas na Europa, onde o papel de assessor interno também está se tornando mais importante. No entanto, o desenvolvimento europeu tem uma característica especial que tem sido de importante impacto sobre a transformação dos campos jurídicos. A expansão do papel de assessor interno na Europa ocorreu em um momento no qual haviam numerosos "alunos" europeus de faculdades de direito americanas, e firmas jurídicas procurando posições permanentes na Europa, e estes europeus "americanizados" estavam desproporcionalmente representados nas posições de "top" dos escritórios jurídicos das corporações européias. Estes "alunos" compreenderam os métodos norte-americanos de prática do direito e a organização de serviços jurídicos, e não só introduziram estes métodos em seus próprios locais de trabalho, como também exigiram este mesmo tipo de serviço para com as firmas externas que com eles contratavam. Assim eles criaram novas demandas por um novo modo de prática de direito negocial e de organização das práticas jurídicas.

IV — As Novas Firmas Jurídicas Multinacionais Européias

Talvez o mais dramático desenvolvimento no cenário europeu seja o rápido desenvolvimento, em larga escala, de firmas jurídicas multinacionais européias. Para obter vantagens no mercado de direito europeu e responder à competição das firmas americanas e contábeis, firmas jurídicas em muitos países europeus, e particularmente do Reino Unido e da Holanda, têm crescido em tamanho e se expandido na Europa e no mundo. Deste modo, entre 1985 e 1990, o número total de empregados (advogados e pessoal auxiliar) das 20 maiores firmas do

Reino Unido dobrou. A maior firma desse país, a Clifford Chance, tem agora mais de 1.100 advogados, fazendo dela a segunda maior firma jurídica (depois da Baker & Mackenzie) no mundo. Muitas destas firmas do RU abriram escritórios ao longo da Europa, igualando ou enfrentando a cobertura pan-européia das grandes firmas norte-americanas e das Grande Seis. Tendências similares, ainda que em menor escala, podem ser vistas na Holanda. Através de fusões e expansões, firmas holandesas estão também expandindo seu tamanho, a extensão dos serviços oferecidos e o alcance geográfico. Todas as grandes firmas holandesas abriram escritórios em Bruxelas, e muitas também operam em Paris, Londres e Nova Iorque. Firmas alemãs estão começando a se mover em direções similares, e não há razão para pensar que este processo de expansão e "multinacionalização" irá diminuir. As novas firmas multinacionais européias têm algumas vantagens no mercado de direito europeu que podem possibilitar a elas uma maior fatia do mercado ao longo do tempo. Elas estão prontas para incorporar advogados de ponta em várias capitais européias mais facilmente que as firmas norte-americanas, e elas estarão prontas para se beneficiar da regulamentação da Comunidade que virá a reduzir as barreiras para sua atividade entre as fronteiras dos Estados Membros.

Como resultado do crescimento da presença americana, do desenvolvimento de serviços jurídicos dentro das firmas contábeis, do crescente papel da assessoria interna nas firmas européias que operam em muitos países e da emergência de firmas multinacionais européias, o cenário europeu ao final dos anos 80 incluía muitas organizações econômico-jurídicas de grande escala que estavam capacitadas a operar simultaneamente em Bruxelas e ao longo da Europa e estavam organizadas segundo linhas totalmente desconhecidas para os advogados acostumados ao antigo sistema europeu.

E. O Choque Transnacional e a Restruturação dos Campos Nacionais

Nesta seção, relatamos dois estudos específicos que exploram o impacto da internacionalização e o crescimento do mercado de direito europeu no antigo modo europeu de produção do direito. O primeiro examina o impacto das fusões e práticas de incorporação nos campos jurídicos europeus; o segundo explora mudanças que estão ocorrendo no modo de ensino e pesquisa do direito econômico na França. Eles mostram como novos mercados e novos atores estão transformando a natureza da prática, a organização dos serviços, o papel do Judiciário e as faculdades de Direito. Enquanto os casos estudados enfocam áreas específicas do direito e enfatizam os desdobramentos no Reino Unido e na França, eles refletem tendências mais amplas que aquelas vistas na Comunidade.

I — Fusões e Práticas de Incorporação Transformam os Campos Jurídicos

Se alguém tivesse de apontar alguma área específica de prática jurídica como causa de transformação do antigo modo europeu de produção do Direito, seria apontado o trabalho das fusões e incorporações como primeira escolha. Os prospectos do Mercado Comum Europeu levaram a uma onda de fusões e ofertas públicas de ações, incluindo muitas que cruzavam uma ou mais fronteiras européias, enquanto as firmas negociais européias buscavam posicionar-se para a competição em toda a Comunidade. O crescente número de fusões e ofertas públicas de ações que ultrapassavam as fronteiras criou uma demanda de novos esquemas de regulamentação tanto em nível europeu quanto nacional e ofereceu novas oportunidades para as organizações multinacionais de serviços jurídicos. Elas viram uma oportunidade tanto para delinear a nova ambientação jurídica para os negócios na Europa, quanto para explorar o mercado resultante de serviços de direito europeu. Enquanto o mercados das fusões e incorporações crescia, as firmas multinacionais se expandiam. E enquanto elas cresciam em tamanho e raio de ação, sua capacidade para delinear o direito no nível da Comunidade aumentava. As organizações multinacionais cumpriram um importante papel na formação do Controle de Regulamentação de Fusões da Comunidade Européia, e participaram com esforços para redefinir as regras que controlam as incorporações no nível da Comunidade Européia e nos diversos Estados Membros. Estas mudanças no direito e sua prática têm efeitos indiretos nos campos jurídicos nacionais, afetando a natureza da prática jurídica, a posição dos advogados de direito econômico, a estrutura acadêmica e o papel do Judiciário.

A área do direito das fusões e incorporações e sua prática ilustra muitos dos temas que queremos enfatizar. A arena jurídica que emergiu na Europa inclui tanto o Direito Europeu (Comunidade) quanto os regimes nacionais que têm sido redefinidos pela internacionalização de mercados e campos jurídicos. A abertura de fronteiras, junto com a tendência de criar novas firmas negociais que operem através destas fronteiras, criou a necessidade de assessoria jurídica tanto do Direito Europeu quanto dos variados regimes dos Estados Membros. Fusões e Incorporações que ultrapassam fronteiras envolvem dois itens: Direito de Concorrência e regras sobre incorporações. O primeiro determina se as novas organizações negociais criadas por fusões e incorporações ameaçarão a concorrência; o segundo estabelece proteções para acionistas, administradores, trabalhadores, etc., afetados tanto pelas incorporações hostis quanto pelas amigáveis. O Direito de Concorrência é governado por uma regulamentação da Comunidade Européia que tem diferentes efeitos em todos Estados Membros, mas é limitado em alcance por grandes transações de impacto em toda a Comunidade e por leis nacionais para casos não abrangidos pelo alcance da legislação exclusiva da Comunidade Européia. Apesar de haver um esforço para desenvolver uma diretiva Comunitária sobre incorporações, nenhum acordo pôde ser alcançado e estas matérias continuam sob a competência exclusiva do direito nacional, que tem sido modificado e fortalecido em muitos países para se adaptar às necessidades dos negócios internacionais.

O "Direito" resultante, que governa as fusões e incorporações na Europa, é altamente complexo e crescentemente "juridicizado". Requer sofisticadas análises que demandam a integração de matérias econômicas, financeiras e jurídicas. Fornece oportunidades substanciais para o uso tático da litigação em busca de objetivos econômicos e outras técnicas de "mega-atuação do direito" desenvolvidas nos Estados Unidos. O novo sistema europeu regulatório das fusões e incorporações fornece vastas oportunidades para as firmas multinacionais. É um mundo no qual elas se sentem confortáveis, porque em boa medida, é o mundo que elas fizeram. E as práticas de fusões e incorporações constituem-se estranhas e assustadoras para os advogados cujas instituições e hábitos foram formados no antigo modo europeu de produção do direito: os antigos europeus estavam despreparados e relutantes para entrar nesta nova arena criada pela internacionalização. Assim, o crescimento deste mercado promoveu uma oportunidade para firmas multinacionais expandirem sua práticas e assim afetar a natureza dos campos jurídicos na Europa.

Para rascunhar estes desdobramentos, nos concentraremos em três aspectos da construção e exploração do mercado das fusões e incorporações européias e seus efeitos nos campos nacionais: (i) a criação da regulamentação sobre fusões da Comunidade Européia; (ii) o esforço para desenvolver uma diretiva sobre incorporações na Comunidade Européia e a transformação das regras e procedimentos sobre incorporações em muitos países europeus; (iii) breves estudos de casos sobre o impacto destas mudanças no papel do Judiciário na França e a transformação da prática jurídica corporativa na Alemanha.

(i) Criando uma comunidade de regras sobre fusões

Em 1990, depois de um longo processo de debate e negociação, a Comunidade Européia estabeleceu seu regime de controle das fusões.

Esta provisão, adotada pelo Conselho de Ministros da Comunidade Européia, deu à Comissão jurisdição exclusiva sobre fusões de larga escala que afetem a Comunidade, deixando as pequenas combinações serem reguladas em nível nacional. A criação deste regime demonstra o impacto dos conceitos jurídicos norte-americanos na Europa, a chegada do conflito entre os europeus pelo controle da atividade econômica e o papel das organizações jurídicas multinacionais na construção da nova ordem jurídica européia.

O Tratado de Roma contém duas provisões (arts. 85 e 86) regendo a concorrência. Modeladas na legislação anti-truste norte-americana, essas cláusulas refletem o impacto das idéias jurídicas dos Estados Unidos no direito Comunitário desde o surgimento da Comunidade Européia. Mas até os anos oitenta essas provisões vinham sendo raramente utilizadas. Além disso, suas aplicações nas fusões, como tais, eram incertas e não havia previsão para a aprovação prévia de suas consolidações pela Comissão.

Quando a Comissão propôs a legislação da Comunidade Européia sobre concorrência nos anos setenta, inicialmente os Estados membros resistiram, pressionando contra qualquer expansão no plano do direito concorrencial europeu além das regras já estabelecidas no Tratado. A França, por exemplo, estava atrelada à sua versão de política industrial, a qual estaria ameaçada pelo estabelecimento de um direito concorrencial orientado ao livre mercado no plano da comunidade. Entretanto, a hábil defesa da Comissão, ajudada pelos esforços das empresas multinacionais e da Corte Européia, venceu essa resistência. As empresas multinacionais de advocacia trouxeram para a corte muitos casos nos quais estabeleciam o princípio pelo qual a Comissão poderia regular fusões segundo o Tratado, ainda que os textos dos artigos 85 e 86 não esclarecessem esse ponto. Armada com esses poderes, a Comissão ameaçou começar o exercício do controle sem o benefício de qualquer regulamentação específica, a qual imporia limites ao seu poder ou fixaria regras regendo as fusões em andamento. Essas ameaças ajudaram a enfraquecer a resistência a uma Regulamentação da Comunidade Européia, e com a chegada do ano de 1992 e a criação do Mercado Comum na Europa, ficou claro que uma nova forma de legislação européia de controle da concorrência seria necessária.

Não havia, entretanto, princípios comuns aptos a guiar a preparação deste novo corpo do Direito europeu. Poucos estados membros tinham políticas bem desenvolvidas limitando práticas anti-competitivas. Nos pontos em que os controles existiam, na maioria dos casos a regulamentação era executada informalmente através de ministérios governamentais ou até estruturas privadas. Dois estados europeus, contudo, possuíam sistemas relativamente bem estabelecidos para controlar as fusões que iriam diminuir a concorrência em seus mercados: o Reino Unido e a República Federal da Alemanha. Esses sistemas, entretanto, operavam de maneiras muito diferentes, e o debate sobre a política européia de concorrência envolveu uma batalha entre esses dois modos contrastantes de controle.

O sistema alemão para controlar o comportamento anti-competitivo teve sua origem na legislação anti-truste promulgada pela República Federal da Alemanha, depois da Segunda Guerra Mundial, sob a pressão da ocupação norte-americana. Tal sistema, como os artigos sobre concorrência do Tratado da Comunidade Européia, extraiu sua inspiração dos "Sherman Acts". Entretanto, sob a orientação do *Bundeskartelsant* (BKA), o sistema alemão desenvolveu adiante linhas muito diferentes de suas antepassadas norte-americanas. O BKA tornou-se uma entidade altamente autônoma, dirigida por um corpo de elite de advogados e economistas ligados a uma visão de um mercado competitivo puro, operando sob claras regras gerais. Com essa visão, e auxiliado por uma equipe de primeira qualidade de advogados e economistas, o BKA desenvolveu e executou um sistema altamente nacionalizado. Enclausurado em Berlim, e desta forma longe da pressão política de Bonn ou das pressões econômicas dos grandes interesses financeiros e econômicos, estes "aiatolás" da concorrência (seguindo a denominação dada por um crítico) construíram um forte sistema regulatório e elaboraram uma série de regras claras incorporando os princípios econômicos do livre mercado. O BKA tirou vantagem do ambiente político, o qual incentivou o crescimento de um modo técnico e autônomo de governo de mercado, pelo menos em relação ao *Mittelstand* alemão de pequenos e médios negócios.

O enfoque britânico à política concorrencial era muito diferente. As regras inglesas sobre concorrência eram vagas e sua administração fragmentada. Enquanto os alemães queriam outorgar autoridade e autonomia substanciais à sua autoridade sobre concorrência (o BKA), os ingleses não queriam. Nem o Centro Comercial e Bancário de Londres (City of London), que se orgulhava dos métodos de administração privados e informais, nem o Estado, dominado por um longo período por governos trabalhistas atrelados à "política industrial", queriam criar uma forte unidade anti-monopólio ou encorajar quaisquer "aiatolás da concorrência" que poderiam tentar ganhar prestígio no cenário inglês.

Quando a Comunidade Européia começou a considerar um plano comunitário de regulamentação das fusões, este esteve sujeito a várias influências. Parecia haver um consenso geral de que o direito "substancial" seria baseado nos princípios bem desenvolvidos e orientados do direito alemão. Por outro lado, havia uma disputa referente ao processo da aplicação dessas regras. Os alemães favoreciam o seu próprio modelo, o qual acentuava as técnicas "inquisitoriais" nas quais a entidade autorizada desenvolve fatos e análises, além de poder iniciar negociações "preventivas" para evitar decisões negativas sobre fusões propostas. Os britânicos, com forte apoio das bolsas de valores do Centro Comercial e Bancário de Londres, as quais haviam desenvolvido uma ativa prática concorrencial, preferiam um sistema semelhante ao do "Direito Comum", no qual as partes deveriam desenvolver o caso, e os tribunais poderiam ser utilizados para uma revisão das resoluções administrativas. O resultado foi um sistema híbrido, incorporando os bem desenvolvidos princípios legais e econômicos forjados pelo BKA, mas permitindo mais espaço para a advocacia do que no sistema alemão. Sem surpresas, esse modelo, que enfatiza as normas legais e as análises econômicas, deixando espaço para o litígio, atraiu firmas norte-americanas (e algumas das firmas européias que também operam em Bruxelas), uma vez que elas estavam familiarizadas com tal sistema e sabiam como fazê-lo operar em benefício de seus clientes.

Os resultados têm sido proveitosos para as firmas americanas e para as "novas firmas européias". O regulamento da Comunidade Européia de controle das fusões e outros aspectos da política concorrencial da Comunidade Européia criaram, com efeito, na maior parte da Europa, e pela primeira vez, um direito anti-truste, abrindo desta forma um novo mercado para aquelas firmas com a experiência necessária para explorá-lo. Não basta agora lidar com o regulamento da Comunidade Européia; os desenvolvimentos no plano comunitário tiveram efeitos indiretos em muitos dos estados membros os quais reforçaram seus próprios mecanismos de controle concorrencial para lidar com as pequenas fusões, que não se enquadravam na jurisdição exclusiva da Comissão. Deste modo o direito sobre competência se converteu em uma parte importante do mercado europeu horizontal e vertical do direito, gerando uma parte muito significativa dos ingressos das mais proeminentes firmas de advogados que operam na Europa. Por ser o direito anti-truste um novo mercado, no qual os tradicionais profissionais europeus ainda não haviam fixado pretensões, ele foi particularmente atrativo para as firmas norte-americanas e outros "recém-chegados". Os recursos derivados dessa prática lucrativa abasteceram a expansão de firmas e financiaram seus esforços para reconstruir todo o sistema de direito sobre fusões e incorporações, incluindo a regulação das incorporações.

(ii) Incorporações

A euforia de fusões e incorporações na Europa nos anos oitenta provocou uma onda de incorporações de vários tipos. Entre 1985 e 1988 o número de incorporações na Europa dobrou e o valor das aquisições transacionais ou que ultrapassavam as fronteiras foi incrementado em dez vezes. Essas batalhas de aquisições criaram uma área de "mega atuação do direito" e conduziram a transformações adicionais nos campos jurídicos. Desnecessário dizer que o mercado europeu de aquisições atraiu firmas americanas, as quais haviam desenvolvido suas habilidades nas grandes batalhas de aquisições ocorridas em Wall Street nos anos oitenta. À medida que o mercado norte-americano de fusões e incorporações começou a secar muitos dos profissionais que haviam conduzido os "bárbaros" de Wall Street para "os portais" do capitalismo americano cruzaram o Atlântico, primeiro para criar e depois para explorar o novo território.

A ênfase estaria na *criação*, ou melhor, na *recriação* do mercado. Os norte-americanos que se transplantaram para a Europa e aqueles outros que seguiram seu exemplo não inventaram as fusões, aquisições e incorporações: os europeus já vinham realizando todas elas por um bom tempo. Mas esta restruturação corporativa havia sido realizada a portas fechadas e amplamente fora do campo jurídico. Em virtude disto a restruturação corporativa européia havia se realizado sobre o domínio dos privilegiados de uma pequena elite, em grande parte formada por banqueiros e funcionários do governo. Nesses cenários restritos, um pequeno número de muito respeitados "notáveis nos negócios" serviram de mediadores, garantindo a aplicação das regras informais do jogo. Ninguém pensou em trazer advogados para essas transações informais (as quais operavam tendo por base extensas redes permanentes de confiança e influência) exceto quando os advogados foram requisitados para regularizar e registrar os acordos feitos entre os notáveis "insiders".

A repentina expansão do nível e do alcance geográfico das fusões e incorporações européias exerceu fortes pressões nesse sistema de administração informal, criando oportunidades para os profissionais da área do outro lado do Atlântico e para os europeus que seguiram seus líderes. Para continuar seguindo o "antigo enfoque europeu" de "regulamentação" a rede de notáveis teria de ter sido significativamente ampliada para negociar com um novo mercado criado pela abertura das fronteiras. Mas teria sido difícil expandir o suprimento de "notáveis", ou estabelecer vínculos informais e pessoais entre tantas fronteiras nacionais. Além disso, as redes nacionais de "notáveis" que regulavam as aquisições corporativas baseavam-se em interesses difusos e operavam em sistemas fechados: as mesmas comunidades de interesse não existiam no grande espaço econômico europeu aberto pelo Mercado Comum Europeu. Ademais, o mercado ampliado dava aos "outsiders", que tinham sido constrangidos pelos costumes e pressões locais, em qualquer espaço nacional a oportunidade de quebrar os sistemas fechados que haviam sido baseados no poder de poucos e não no interesse de todos. Não é surpresa o fato de os pioneiros do novo comércio europeu de fusões e incorporações, tanto no campo jurídico quanto no financeiro, serem freqüentemente "outsiders" do cômodo mundo do velho jogo europeu.

No final dos anos oitenta, a iminência de um Mercado Único conduziu a um crescimento na atividade de fusões e incorporações na Europa, incluindo um número de incorporações hostis. Mesmo tendo declinado nos anos recentes, observadores do mercado predizem que o negócio das incorporações será novamente acelerado assim que o Mercado Único evoluir e as firmas buscarem se reposicionar para sobreviver e explorar a imensa comunidade concorrencial. O negócio de aquisições já trouxe mudanças no papel dos advogados na Europa e teve outros efeitos nos campos jurídicos. Ele criou novas oportunidades para o uso tático da regulamentação, conduzindo à emergência no Reino Unido de uma nova geração de advogados "superstars" de incorporações; gerou oportunidades em negócios para as firmas norte-americanas; e está afetando os enfoques nacionais sobre a regulamentação.

A atividade do mercado de fusões e incorporações tem sido mais intensa no Reino Unido, que possui o ambiente mais hospitaleiro para incorporações: enquanto o resto da Europa está apenas começando a integrar a onda de fusões e incorporações, Londres tem sido local de ativos esforços em incorporações por muitas décadas. Para os padrões europeus o direito e costume britânicos são relativamente favoráveis às incorporações. Embora as mesmas devam ajustar-se à política concorrencial, há poucas outras barreiras legais. A principal forma de "regulamentação" se dá pelo Conselho de Incorporações (TOP, sigla em inglês de Takeover Panel), entidade privada organizada pelo Centro Comercial e Bancário de Londres em 1968. Como parte do elaborado sistema de regulamentação dos mercados financeiros londrinos, o TOP administra um código privado de conduta cujo principal propósito é proteger os acionistas das companhias envolvidas em ofertas de compra. O TOP era inicialmente um sistema muito informal, fornecendo opiniões imediatas sobre a aplicabilidade de regras extremamente abertas e flexíveis. Até a decisão em '*Regina* v. *The Panel on Takeovers and Mergers, ex parte Datafin (1987) 2 WLR 699'*, as ações do TOP não estavam sujeitas à revisão judicial, o que, de qualquer forma, raramente ocorreu.

O sistema que evoluiu na Inglaterra através dos anos oitenta tinha, assim, duas características principais: ele encorajou incorporações contanto que os interesses dos acionistas minoritários estivessem protegidos, e desencorajou o tipo de litígio tão familiar no cenário norte-americano de incorporações. No que diz respeito a elas, a situação no resto da Europa estava em agudo contraste. No continente, uma série de dispositivos legais sancionados tornaram extremamente difícil levar a cabo incorporações hostis. Diretores e proprietários de um grande número de ações poderiam tirar vantagem de numerosas técnicas para frustrar os interesses financeiros e industriais que buscavam adquirir firmas através da compra pública de suas cotas. E quando tais compras ocorriam, havia escassas proteções para os acionistas minoritários, já que não existiam regras pelas quais um único comprador pudesse adquirir todas as ações.

Acreditando que as incorporações iriam facilitar a restruturação da indústria européia e criar pressões por uma administração mais eficiente, a Comissão Européia procurou promulgar uma Diretiva Comunitária sobre Incorporações, a qual iria reduzir as barreiras levantadas em muitos países. Desnecessário dizer que o governo britânico, com o ativo apoio do Centro Comercial e Bancário de Londres, inicialmente aprovou esta proposta. Os banqueiros e comerciantes ingleses viram uma oportunidade para expandir um negócio lucrativo no continente, esforço que seria facilitado à medida que as regras da Comunidade fossem baseadas naquelas que haviam sido desenvolvidas pelo TOP, as quais, em grande parte, eram controladas pelos bancos.

Os britânicos entretanto mostraram-se não tão entusiasmados com o esboço da diretiva que emergia. Enquanto o esboço da Comissão derrubaria as barreiras para incorporações no resto da Europa, também abriria a porta para o uso agressivo do litígio nas batalhas incorporativas, criando assim potencialmente o tipo de guerras jurídicas que os norte-americanos utilizam nessas situações. Quando se aperceberam que o custo poderia ser a abertura do mercado de incorporações britânico para a "agressiva atuação do direito", os líderes do Centro Comercial e Bancário de Londres perderam o entusiasmo com relação a um esquema europeu de abertura de mercados da Europa Continental para seus esforços incorporativos.

O mesmo não se dava com os advogados do Centro Comercial e Bancário de Londres, que haviam começado a desenvolver uma lucrativa prática relacionada a incorporações a despeito do potencial limitado para o litígio direto sob o esquema do TOP. Juntamente com algumas firmas de advocacia norte-americanas, eles já haviam desenvolvido sofisticadas técnicas e práticas ativas no campo de fusões e incorporações. Pelo fato delas envolverem a interação complexa entre concorrência, imposto, e companhias de advocacia, e pelas batalhas de fusões e incorporações envolverem freqüentemente várias jurisdições, incluindo a competência concorrencial da Comunidade Européia e até (em poucos casos) o direito e as cortes norte-americanos, a prática do direito europeu sobre fusões e incorporações foi vantajosa para muitos advogados do Centro Comercial e Bancário de Londres, permitindo um rápido crescimento para muitas de suas firmas. Alguns desses advogados do Reino Unido eram pouco entusiastas para com os métodos informais preferidos pelos banqueiros do Centro Comercial e Bancário de Londres e pelo TOP, defendendo o enfoque sobre incorporações adotado pela diretiva da Comunidade Européia.

O debate sobre o direito de incorporações é complexo e está em andamento. Como vimos, os argumentos apresentam-se em dois planos: o primeiro é se as incorporações deveriam ser encorajadas e as barreiras para as mesmas desmanteladas. Sobre esse assunto, os britânicos e a Comissão parecem estar de acordo, mas outros países têm-se mostrado resistentes. No outro plano, o debate está entre aqueles favoráveis a um "livre mercado" de incorporações, mas em desacordo com a possibilidade da regulamentação desse processo ser executada informalmente pela comunidade financeira, ou formalmente através de regras legais e com recurso às cortes para revisão judicial das determinações administrativas. Neste último caso, os advogados do Centro Comercial e Bancário de Londres, firmas de advocacia norte-americanas e, provavelmente, algumas firmas de advocacia européias alinharam-se com a Comissão Européia no sentido da legalização, e com a comunidade financeira de Londres esperando manter os métodos informais que preferem e controlam.

Há alguma razão para acreditar que os advogados e o eurocratas irão vencer no final. Por um lado alguns países que resistiram à liberalização das incorporações podem estar mudando suas posições. Estas mudanças com relação às incorporações estão sendo impelidas pela competição entre os centros financeiros europeus. Os negócios incorporativos promovem um maior estímulo à atividade da bolsa de valores, e têm um efeito significativo nos preços das ações. Como a concorrência acirrou-se entre os capitais financeiros, as autoridades nacionais estão começando a perceber que as cômodas proteções por elas promovidas para a administração das firmas podem frear a competitividade internacional de seus mercados financeiros. À medida que essas mudanças ocorrem, as regras substanciais promovidas pela Comissão podem parecer menos condenáveis. Ao mesmo tempo o Centro Comercial e Bancário de Londres pôde verificar que o seu esforço em preservar um sistema informal é uma atitude defensiva que deveria ser abandonada. O TOP já está provocando mudanças que irão proporcionar maior transparência às suas decisões e reduzir o domínio que os bancos podem exercer no seu processo informal de maneira que o Centro Comercial e Bancário de Londres pôde eventualmente ceder à vontade de Bruxelas em avançar para legalizar a regulamentação sobre incorporações. Além disso, à medida que um verdadeiro mercado europeu de incorporações se desenvolveu, o informalismo "à maneira de clube" que deve operar efetivamente no Centro Comercial e Bancário de Londres não se provará efetivo para um mercado que envolve doze países com tão diferentes culturas, tradições bancárias, sistemas legais, etc. Por este motivo é razoável predizer que um sistema mais "jurisdicizado" seria aceitável para todos. Se isso acontecer não será pequeno o resultado dos esforços das firmas de advocacia multinacionais, as quais defenderam a legalização, apoiaram a Comunidade Européia a desenvolver seu próprio enfoque e demonstraram a utilidade da "mega atuação do direito" para novos e antigos clientes. Essas firmas exerciam influência em Bruxelas e nas capitais nacionais, organizaram colóquios europeus sobre fusões e incorporações, publicaram artigos sobre as novas técnicas jurídicas utilizadas na prática, trouxeram casos de elevado perfil e encorajaram relatos jornalísticos de suas façanhas e das substanciais recompensas resultantes das mesmas.

(iii) Outros impactos no antigo modo europeu de produção do direito

Já foi visto que o crescimento do mercado europeu de fusões e incorporações facilitou a transformação dos advogados do Centro Comercial e Bancário de Londres em firmas de advocacia de grande porte, no estilo norte-americano, engajadas na "mega atuação do direito", exercendo severas pressões sobre o sistema informal de regulamentação das incorporações praticado na Inglaterra, bem como provocando mudanças na regulamentação sobre concorrência e incorporações em nível nacional em outras partes da Europa. Além de traçar o impacto desse mercado em crescimento e as novas formas de legislação da produção do direito, será dada uma pequena mostra de dois desenvolvimentos recentes: a criação de um ramo especializado de elite no Judiciário francês para tratar dos casos econômicos importantes, e a emergência de firmas de advocacia corporativas de estilo norte-americano na Alemanha. Ambos, direta ou indiretamente, em parte ou no todo, são resultado das transformações provocadas pelo "boom" de fusões e incorporações.

(a) A França cria um tribunal de elite para disputas econômicas

Nos anos recentes, como parte de seu esforço para fortalecer os mercados de capital em Paris, o governo francês "apertou" sua regulamentação sobre muitos aspectos das transações na bolsa de valores, a proteção aos acionistas dos alvos incorporativos e o poder das autoridades em matéria concorrencial. O COB (equivalente ao SEC da França) e o Conselho Anti-monopólio francês estão sujeitos à revisão judicial, e cada vez mais casos econômicos importantes estão sendo submetidos ao primeiro tribunal da Corte de Apelações de Paris, a qual detém jurisdição sobre estas grandes disputas econômicas. Um observador assinalou que desde a promulgação das novas leis sobre incorporações na França, toda proposta de incorporação teria que eventualmente passar pela Corte de Apelação.

Estes novos casos apresentam questões que as Cortes civis francesas não estavam bem preparadas para lidar. Até recentemente, transações econômicas importantes desta natureza eram tratadas dentro da estrutura administrativa do Estado francês. Mas com a liberalização dos mercados e a necessidade da criação de uma estrutura neutra de trabalho jurídico, a qual viria a favorecer as "regras do jogo" para os agentes econômicos independentemente das determinações da política governamental *ad hoc*, as cortes civis tiveram que tratar de um conjunto de questões econômicas diferentes de quaisquer outras por elas vistas anteriormente.

Esta tarefa estava em dissonância com as tradições ou *habitus* dos juízes franceses, que tinham cultivado distância e ignorância em relação aos grandes negócios. Na antiga tradição européia, o Judiciário, como os próprios advogados, adquiriram autonomia aparentando renunciar ao mundo do comércio. Entretanto, eles cultivaram a tradição de aderência estrita ao direito, deixando claro que não lhes cabia elaborar novas regras ou desenvolver soluções inovadoras para os novos problemas. Mas face à responsabilidade de resolver grandes disputas negociais com base nas novas regras legais, que não haviam sido reunidas em códigos complexos e para os quais não havia sido fixado um corpo autorizado de doutrina, os juízes franceses encontraram-se numa posição onde deles se esperava que dominassem as complexidades das mais importantes transações financeiras e que criassem o direito para áreas até agora inexploradas.

O resultado tem sido o maior debate entre a elite de juízes da Corte de Apelação. Para alguns a nova jurisdição é uma oportunidade de desenvolver e exercitar novas experiências jurídicas no campo das finanças, e preencher as lacunas dos novos esquemas regulatórios. Outros querem conservar as antigas tradições e o culto ao direito puro. Desnecessário dizer que as firmas multinacionais apoiaram o primeiro grupo, que se mostra encorajado a se misturar com a elite dos negócios, entender os desenvolvimentos nos mercados e integrar o crescente corpo do direito europeu nas suas decisões. Para muitos juízes, especialmente para aqueles com experiência anterior em assuntos econômicos, isto cria uma oportunidade de mudar o papel do Judiciário dentro do complexo jurídico e seu relacionamento com o Estado. Juízes que avançam ousadamente no novo mundo da regulamentação financeira e do Direito europeu podem alcançar o prestígio que seus pares não conseguiram assegurar, mesmo ao preço da perda do distanciamento de um mundo do comércio, cujo próprio "status" pode estar em ascensão na França.

(b) A Alemanha cria grandes firmas corporativas de advocacia

Em anos recentes as firmas corporativas de advocacia alemãs cresceram em tamanho, obtiveram autorização para operar em muitas cidades, abriram escritórios pela Europa, começaram a empregar técnicas de "mega atuação do direito" e desenvolveram a capacidade de fornecer serviços "multidisciplinares", ora por advogados contratados com treinamento de consultores de impostos ou auditores, ora desenvolvendo relações com outros grupos profissionais. Um importante impulso ao crescimento e à restruturação das firmas corporativas na Alemanha tem feito parte do mercado europeu de direito, particularmente daquele de fusões e incorporações. O trabalho do mercado de fusões e incorporações requer maior investimento, já que as firmas precisam atrair especialistas das diversas matérias envolvidas nessa área e desenvolver o tipo de capacidade "excedente" necessária tanto para apresentar equipes de especialistas em curto tempo como para obstruir opositores em potencial. Um observador do cenário alemão relata que as maiores firmas desse país obtêm de 20 a 30% de suas rendas do mercado de fusões e incorporações, e que aquelas incapazes de encaixar-se nesse mercado têm sido afetadas.

Junto ao estímulo do trabalho do mercado de fusões e incorporações, o desenvolvimento da grande firma de advocacia na Alemanha tem sido incentivado pela expectativa da concorrência no mercado europeu de direito por grandes firmas inglesas, holandesas e norte-americanas, e em menor escala dentro da própria Alemanha. Mais uma vez vimos como o mercado europeu de direito está incitando importantes mudanças na organização da prática e na natureza do direito econômico na Europa.

II — Mudanças Estruturais na Academia de Direito Econômico da França: dos Grandes Sacerdotes do Direito ao Mercado da Experiência Jurídica

A internacionalização do direito e a juridicização das relações econômicas que acompanharam a formação da Comunidade Européia tiveram um impacto significativo na produção do conhecimento acadêmico sobre o direito, particularmente nas jurisdições de Direito Civil, como aconteceu na França. No lugar do modelo tradicional, dominado por pequenos corpos de professores que estavam fortemente arraigados à Universidade e distantes da prática, há um novo sistema emergindo, inspirado nos modelos anglo-saxões. Esse novo sistema é caracterizado por uma mobilidade profissional muito maior e pelo reconhecimento de uma posição mais alta dos praticantes.

Na França, as firmas multinacionais de advocacia que vieram a dominar o mercado europeu de direito começaram a investir maciçamente no ensino jurídico e na elaboração da doutrina. Elas contrataram professores, promoveram conferências, fundaram cátedras nas universidades e selecionaram pessoas para ocupar tais posições. Estes desenvolvimentos, que tiveram impacto na autonomia tradicional das universidades, permitiram que as grandes firmas de advocacia ocupassem uma posição central no meio acadêmico à medida que elas trouxeram para sua esfera de influência uma nova geração de acadêmicos orientados para a prática e capacitados para manter o tradicional privilégio professoral de "ditar o direito". Elas prognosticaram uma importante mudança estrutural no modo de produção do direito na França, e provavelmente em muitos outros países europeus. O "clube dos antigos sacerdotes", através do qual a doutrina era produzida por um pequeno grupo de antigos professores, funcionou numa "economia de escassez", na qual os conselhos e opiniões jurídicas autorizadas eram prerrogativas de um pequeno grupo mais interessado na coerência e legitimidade legais do que em satisfazer as necessidades de inovação jurídica nos negócios. Sob a bandeira de "retornar ao direito", uma nova geração de acadêmicos está criando novos acessos à produção de autoridade e experiência, melhor adaptadas ao rápido crescimento do mercado europeu de direito. Essa nova geração, surgida com agentes até então na periferia do campo jurídico nacional, contestou as hierarquias tradicionais e a antiga divisão européia do trabalho, na qual os profissionais estavam excluídos da arena da produção doutrinal, no interesse de preservar a "pureza do direito".

(i) Mudanças no campo acadêmico

Na França, o processo de mudança estrutural começou nos anos setenta, antecedendo desta maneira o período de rápido crescimento do mercado europeu de direito, o qual realmente decolou por volta de 1985. Dois fatores impeliram as mudanças iniciais. O primeiro foi o rápido crescimento das faculdades de direito e conseqüentemente do número de professores. O ensino jurídico na França, assim como em muitas partes da Europa, passou por um rápido crescimento nos anos setenta. O número de estudantes aumentou, novas faculdades de direito foram criadas e outras expandidas. Os anos de pós-graduação ampliaram-se rapidamente. Somente em Paris, antes quase que dominada exclusivamente pela Faculdade de Direito de Paris (a Sorbonne), onze novas faculdades de direito foram criadas.

Ao mesmo tempo, um novo enfoque do ensino jurídico estava sendo elaborado, originalmente nas faculdades de direito provinciais. Sob a liderança da "Escola de Rennes" de direito comercial, um grupo de acadêmicos relativamente marginais começou a defender o que, para aquele tempo e lugar, era um enfoque radical sobre o ensino jurídico em direito econômico. Em oposição às tradições do ensino jurídico francês, o qual era orientado à teoria acadêmica e à doutrina pura, esta "Escola" argumentava que o direito econômico, como a cirurgia, tinha que ser aprendido na prática e através de um estreito contato com profissionais da área. Estes foram recrutados para atuar como "professores adjuntos" e criaram um novo e quase acadêmico grau chamado DACE ou "Certificado em Direito Econômico".

Inicialmente este esforço não produziu um grande feito sobre as hierarquias e estruturas tradicionais no complexo jurídico francês. Os "grandes sacerdotes" do direito e a elite das firmas internacionais em Paris tenderam a menosprezar estas iniciativas provinciais, as quais para eles careciam de credenciais sociais, prerrogativas culturais e a maturidade necessária para efetivamente exercer o papel de "divisor" entre as facções da elite de negócios francesa, a qual tinha sido área de atuação do "antigo clube dos sacerdotes". Mas os novos "advogados do direito econômico" franceses obtiveram êxito, atraindo clientes e expandindo-se para novas áreas da prática, especialmente aquelas abertas pela internacionalização. Com efeito, eles expandiram os limites do campo jurídico francês e desta maneira, abalaram as hierarquias e o *habitus* tradicionais sem contudo, inicialmente, derrubá-los.

À primeira vista, o "direito econômico" parecia apenas um suplemento do campo jurídico, mas provou ser realmente um perigoso suplemento. Argumentando que os princípios do direito econômico deveriam ser derivados e aprendidos através da prática, a "Escola de Rennes" e outra Universidades que conduziram e acompanharam este desenvolvimento introduziram um conceito radicalmente novo sobre conhecimento jurídico legítimo no cenário francês. A tradição francesa (e geralmente o Direito Civil) havia se baseado no *isolamento* entre o conhecimento jurídico e a prática. A produção da doutrina autorizada era executada individualmente por eruditos. Esses notáveis eram os autores dos grandes tratados que expunham a doutrina numa forma magistral e sistemática. Produzidos através de um trabalho longo e solitário, esses tratados criaram tanto um corpo de conhecimento como uma fonte de autoridade. Quando consultados sobre problemas específicos, os sacerdotes necessitavam simplesmente recorrer a algumas fontes disponíveis em suas bibliotecas particulares, consultar o depósito de conhecimento acadêmico acumulado e produzir um parecer autorizado.

O resultante isolamento da prática e dos negócios estabeleceu a garantia da independência dos guardiões da ortodoxia jurídica, cuja autoridade repousava, não em pequena medida, no aparente distanciamento desses dos aspectos vulgares da prática jurídica, da qual eles não conheciam coisa alguma e nem queriam conhecer. (Não por acaso, isso também significa que as "vozes autorizadas" do direito teriam de vir de famílias abastadas, as quais poderiam dar-se ao luxo de financiar a longa e freqüentemente não remunerada aprendizagem.) Mas se, como sustentou o movimento do "direito econômico", o conhecimento legítimo teria de ser derivado da prática preferencialmente ao estudo, todo esse sistema estava posto em questão.

(ii) Os aspirantes à academia voltam-se para a prática e as grandes firmas

Essa revolução nas idéias sobre a fonte da experiência jurídica acadêmica levou alguns jovens acadêmicos a diagramar um novo enfoque para as carreiras universitárias e produção acadêmica. Partindo do pressuposto de que a única maneira de aprender sobre direito econômico seria através da prática e cientes de que não teriam acesso a todo conhecimento somente através dos estudos acadêmicos, estes aspirantes a professores de direito econômico buscaram emprego nas grandes firmas nacionais de advocacia e nas firmas de contabilidade, as quais estavam entrando no mercado francês de serviços jurídicos. Os mais jovens acadêmicos em direito econômico (e aqueles que aspiravam a tal posição) reconheceram não somente que eles tinham de ingressar nas firmas para aprender através da prática; eles também viram que o modo de produção do conhecimento jurídico que estava sendo criado pelas firmas multinacionais de advocacia era superior às antigas técnicas artesanais normalmente empregadas na produção do conhecimento jurídico na Universidade francesa. As firmas, como tínhamos visto, haviam criado as estruturas e as tecnologias necessárias para cobrir o mercado de direito europeu tanto no aspecto vertical como no horizontal. Elas haviam contratado um grande número de advogados com diferentes especialidades, e criado redes de pessoas peritas em leis de diversos países europeus. (Na verdade podia ser argumentado que as grandes firmas haviam "sobreinvestido" em experiência, parcialmente como uma técnica de mercado e parcialmente como uma técnica para poder incrementar seu poder econômico e conseqüentemente sua participação no mercado). As firmas multinacionais tinham capital para criar sistemas de comunicação e para a recuperação de informações, o que permitiu que elas ficassem atualizadas imediatamente em relação às cambiantes leis e regulamentações de várias jurisdições. Elas acentuaram a importância da integração entre direito econômico e idéias administrativas, e desenvolveram equipes multidisciplinares para analisar novos desenvolvimentos e problemas complexos. Orgulharam-se por permanecer à frente das correntes do direito, criando novas regras e estratégias jurídicas para beneficiar seus clientes e melhorar suas próprias posições de competitividade no mercado europeu de direito. *Desta forma, as firmas eram verdadeiros laboratórios de estudo do direito europeu, assim como máquinas bem lubrificadas para a sua prática.*

Visto que, como parte de uma tática de grandes investimentos, as firmas estavam à procura de pessoas talentosas e bem preparadas para pagá-las generosamente, essas grandes firmas de advocacia começaram a atrair os "melhores e mais brilhantes" advogados franceses, incluindo muitos com posições ou aspirações acadêmicas. Jovens professores em Paris e em outras partes ingressaram nessas firmas ou trabalharam para elas em base contratual, e jovens advogados foram trabalhar nos escritórios das multinacionais na esperança de aumentarem suas chances de obter um posto acadêmico mais tarde.

(iii) A dissolução do clube

Tradicionalmente a Faculdade de Direito de Paris dominou o campo da produção doutrinária, e seus professores formaram o núcleo ou círculo do poder do "antigo clube dos sacerdotes". Estes permaneceram afastados da prática jurídica e dos negócios, ainda que estivessem estritamente ligados ao mundo econômico através de complexos mas amplos mecanismos invisíveis. Esses guardiões do templo do direito puro permaneceram no ápice da pirâmide acadêmica, controlando a produção da doutrina jurídica. Na década passada, como resultado da expansão do ensino jurídico, do impacto da internacionalização e do crescimento e sucesso do "direito econômico", este clube começou a desmoronar.

A dissolução do clube pode ser diretamente relacionada com o impacto sobre o mercado francês do direito econômico e particularmente com o rápido crescimento de seu componente europeu. As demandas sobre o direito europeu mudaram, especialmente o que os negócios requerem de seus acadêmicos no campo jurídico, reduzindo o valor de mercado dos "produtos" daqueles que operam no antigo sistema europeu. Ao mesmo tempo, mudanças na oferta ocasionadas pela expansão do ensino jurídico, pelo acréscimo no tamanho do professorado, e pela entrada de recém-chegados no campo acadêmico, contribuíram ainda mais para o enfraquecimento da influência dos sacerdotes no mercado e de sua importância do campo jurídico.

O antigo modo de produção de autoridade jurídica não estava completamente divorciado do mercado, mas o "produto" típico e a forma como ele era financiado permitiu aos "sacerdotes" aparentarem distância do comércio. No antigo mercado, o "produto" típico era a opinião jurídica ou consulta: uma declaração erudita sobre uma área do direito que se podia citar nas cortes ou nas quais se podiam apoiar negociações ou projetos. Essas opiniões eram solicitadas por profissionais que buscavam a autoridade dos "sacerdotes do direito puro" para as questões debatidas. Depois da discussão com os profissionais que expunham o problema e requisitavam uma opinião, o professor iria retirar-se para seus estudos e elaboraria um documento erudito fundamentado na autoridade dos tomos acadêmicos que ele havia publicado anteriormente. Essas opiniões eram emitidas *ex cathedra* ou como se o fossem, e tinham o estilo e a autoridade dos artigos mais importantes das revistas jurídicas norte-americanas senão das opiniões judiciais dos mais proeminentes juizes[18] .

Na nova era anunciada pelo crescimento do direito econômico em geral, e especialmente do direito europeu, os clientes de negócios ainda necessitam dos serviços dos acadêmicos, mas os clientes e os profissionais que os representam começaram a requisitar um tipo de

18. Existem similaridades entre o sistema de consulta dos profissionais e a opinião escrita dos professores da França, e a relação que se dá, no Reino Unido, entre o advogado dos tribunais menores (Solicitor) e o advogados dos altos tribunais (Barister).

serviço diferente, e a procurar um produto acadêmico diferente. Ao invés de pedir grandes opiniões individuais, baseadas na excelência erudita de alguns campos específicos do direito, a atividade econômica necessita dos acadêmicos para obter informações altamente especializadas com bases uniformes para integrá-las nas decisões diárias. Esse tipo de serviço requer contatos regulares com os advogados atuantes e seus clientes. Para realizar efetivamente tal serviço, os acadêmicos precisam não apenas conhecer o direito; eles também têm de compreender as necessidades dos negócios e ter habilidade para trabalhar com equipes multidisciplinares, formadas pelas firmas de advocacia.

Os professores dedicados ao culto do direito puro não poderiam satisfazer a essas novas demandas. Eles careciam da experiência necessária, evitavam criar relações estreitas com as firmas de advocacia, necessárias para se manterem atualizados com as novas mudanças, e operavam num passo lento e parcimonioso completamente inadequado para um mercado europeu de rápidas mudanças e para a agressiva prática ao estilo norte-americano de "mega atuação do direito", o qual deve operar no "tempo real" dos prazos judiciais e das datas limites para concluir acordos. A procura pelos seus serviços declinou e o mercado das consultas clássicas e opiniões eruditas começou a secar.

Assim como a procura, a oferta dos serviços acadêmicos mudou. Agora que existem doze faculdades de direito somente em Paris, o número de acadêmicos capacitados para atender às necessidades dos negócios cresceu e a competição entre eles acirrou-se. O crescimento das faculdades de direito minou o monopólio da autoridade jurídica antes exercida por um pequeno número de *sábios* juristas fixados em Paris, salvos em seus confortáveis nichos monopolísticos, emitindo opiniões eruditas destinadas a durar para sempre. Em seus lugares surgiu um grupo muito maior de recém-chegados mais competitivos, os quais estavam preparados para atender à demanda e oferecer interpretações instantâneas bem como análises voltadas para um problema específico ou desenvolvidas para auxiliar uma das partes num processo judicial ou numa negociação. Apesar de alguns dos membros da velha escola olharem com desdém para estes novos produtos, referindo-se a eles como "direito descartável", isto era freqüentemente o que os clientes queriam. Ademais, os acadêmicos recém-chegados desenvolveram estreitos vínculos com as firmas multinacionais de advocacia, algumas vezes trabalhando numa função do tipo "conselheiro". Esses contatos lhes deram não só experiência como oportunidades não disponíveis para aqueles seus colegas universitários que escolheram permanecer dentro do templo do direito puro.

(iv) A fuga de cérebros ameaça a eficácia da doutrina e a legitimação do direito

O desenvolvimento de alianças abertas e fechadas entre as firmas multinacionais de advocacia e os novos "professores-profissionais" do direito econômico caracterizam a ameaça de desestruturação do delicado jogo de distância e envolvimento com o mundo dos negócios, que criou e manteve a legitimidade do antigo modo europeu de produção do direito na França. A produção da doutrina "pura", baseada no aparente afastamento dos sacerdotes em relação ao comércio, e fundamentada no que foi apresentado como um corpo científico de erudição, criou a imagem do direito como um corpo autônomo de autoridade coerente. Ao mesmo tempo, o método de recrutamento baseado no critério de classe para o clube dos sacerdotes e os sutis relacionamentos entre os mesmos e os prósperos advogados atuantes que solicitavam suas opiniões magistrais e eruditas, asseguraram que a doutrina estivesse adaptada aos interesses do mundo dos negócios, e permitiram aos sacerdotes, ainda que através do véu das consultas formais, o acesso ao verdadeiro mundo dos negócios e suas necessidades.

À medida que o clube se desarticula pelas pressões do direito econômico europeu e das firmas multinacionais, esse sistema não pode sobreviver. Com a crescente cooptação de acadêmicos pelas grandes firmas de advocacia, os novos "professores-profissionais" são impelidos cada vez mais para o mundo dos negócios, e as firmas estão cada vez mais interessadas em investir no direito acadêmico (de um modo particular), pelo qual obterão vantagens no mercado europeu de direito. Ao mesmo tempo, o maior conhecimento prático que os recém-chegados obtiveram dos seus contatos com as firmas e o acesso que esses contatos permitiram a informações disponíveis somente nas bibliotecas, bancos de dados e redes das grandes firmas, deram a eles um crescente prestígio entre os estudantes de direito e dentro das faculdades de direito. O prestígio crescente dos recém-chegados desvalorizou as credenciais das Universidades "puras", ainda ligadas ao antigo modo europeu de produção do direito, isolando-as das fontes anteriores de ingresso e informação.

A dissolução do clube despedaçou o antigo modo acadêmico de produção do direito na França, sem necessariamente produzir um substituto satisfatório. Mais claramente as grandes firmas de advocacia continuam a procurar os serviços acadêmicos e os recém-chegados estão produzindo animadamente para o mercado. Embora eles tenham mantido suas credenciais acadêmicas publicando livros eruditos e artigos em jornais científicos, o trabalho é muito mais "aplicado" e mais orientado para as necessidades de curto prazo do que o tipo de pesquisa que era marca registrada do antigo modo europeu de produção do conhecimento acadêmico. Há algo irônico no fato do novo sistema promover a produção de um direito descartável. Como os recém-chegados recorrem a um trabalho mais aplicado, os acadêmicos que permaneceram afastados do novo sistema e continuaram compromissados com o culto do "direito puro" estão com dificuldades para manter a qualidade de seu trabalho e a sua influência no campo jurídico. Como o mercado para o antigo estilo europeu de opiniões jurídicas declina, os sacerdotes perderam os estreitos e fechados contatos com o mundo dos negócios, os quais ajudavam a assegurar que os produtos do antigo modo europeu estavam mais ou menos harmonizados com as necessidades da classe empresarial francesa. Com efeito, o antigo sistema de consultas e opiniões tanto financiou "pesquisa básica" sobre o direito como garantiu que os elaboradores dessa pesquisa tivessem acesso às informações necessárias à produção da doutrina jurídica sintonizada com as necessidades dos negócios. Com a mudança nos tipos de serviços acadêmicos procurados pelo mercado, o suporte financeiro para a "pesquisa básica" do antigo modelo ruiu, sem que nada novo ocupasse seu lugar.

(v) A educação e o treinamento jurídico internacionais aceleram o processo

O processo de mudança estrutural já esquematizado nesta parte é tanto causa quanto conseqüência da internacionalização. Embora o movimento do "direito econômico" na Universidade francesa não tenha sido iniciado sozinho, ou talvez até primariamente iniciado por fatores internacionais e pelo crescimento do mercado europeu de direito, o seu sucesso foi acentuado por esses fenômenos transacionais e pela emergência concomitante do modo norte-americano da produção jurídica na França. Além disso esses fatores internacionais aceleraram o processo e conduziram a um novo desenvolvimento, que irá carregá-lo cada vez mais adiante e cada vez mais rápido. São encontradas aqui referências à crescente importância dos intercâmbios e do ensino jurídico estrangeiro, principalmente norte-americano, para as carreiras práticas e de trabalho acadêmico na França. Como os advogados franceses aumentaram os seus contatos com o modo de produção norte-americano, eles começaram a ver o valor de uma educação jurídica norte-americana e, ainda mais importante, um período de treinamento numa importante firma corporativa dos Estados Unidos. O número de graduados que se sobressaíram nas faculdades de direito francesas estudando para LLMs (título de mestre) ou MCLs nos Estados Unidos e trabalhando como "trainees" ou jovens associados às firmas de advocacia deste país, cresceu substancialmente passados dez anos. Muitos desses "expatriados" retornaram à França, depois de um período de estudo e trabalho do outro lado do Atlântico, ávidos de capitalizar seus novos conhecimentos e habilidades.

A americanização da melhor e mais brilhante das faculdades de direito da França minou ainda mais o antigo modo europeu da produção jurídica acadêmica. Esse sistema dependia de um quadro de assistentes ou discípulos que iriam trabalhar direta ou indiretamente sob a sombra dos " grandes sacerdotes" cujo próprio prestígio era realçado pelo elevado *status* social e acadêmico das pessoas que eles recrutavam para as redes acadêmicas sob seus comandos. Como os melhores estudantes começaram a olhar para os Estados Unidos em busca de inspiração e para o direito econômico em busca de carreiras, eles saíram da órbita dos grandes sacerdotes e entraram na esfera de influência das grandes firmas multinacionais de advocacia. Desta forma esse processo de treinamento e ensino transatlânticos reduziu ainda mais o prestígio e enfraqueceu a capacidade dos antigos sacerdotes europeus e das redes de produção intelectual das quais eles dependiam.

(vi) O campo acadêmico alemão: um contraste

Para clarear o detalhado estudo de caso do cenário acadêmico francês e sugerir a complexidade dos processos impulsionados nos campos nacionais pela internacionalização, é conveniente traçar um breve panorama do que está acontecendo ao subcampo acadêmico jurídico na Alemanha. Parece que, em contraste com a França, o professorado jurídico alemão manteve aparentemente um substancial prestígio, autonomia e *status* financeiro a despeito do impacto sobre o mercado europeu de direito e dos crescentes contatos com o modo norte-americano de produção do direito. O que explica as aparentes diferenças entre o impacto da internacionalização nas Universidades jurídicas da França e da Alemanha?

Dada a inexistência de uma pesquisa detalhada, podemos apenas especular sobre fatores que podem ser expostos aqui. Em primeiro lugar as faculdades de direito alemãs têm um maior contato com o Estado, e desta maneira maior prestígio do que suas contrapartes francesas, uma vez que elas não têm de competir, como fazem os franceses, com as *Grandes Ecoles*. Em segundo lugar, ao menos até recentemente, as firmas multinacionais de advocacia tiveram menor impacto no mercado alemão do que no francês, de modo que a influência da prática jurídica européia possa ser mais fraca. Em terceiro lugar, as Universidades alemãs pareciam estar melhor preparadas para integrarem idéias jurídicas norte-americanas na sua tradição e nas suas doutrinas do que as francesas. Em quarto lugar, as universidades alemãs exerceram maior controle sobre aqueles que iam ao exterior estudar o direito, e desta forma estavam mais aptos para reintegrar os melhores e mais brilhantes estudantes que retornavam à Universidade e às redes que sustentam a produção professoral. Em quinto lugar, o governo alemão, através do Instituto Max Plank e de outros, forneceu um maior suporte financeiro para a pesquisa básica no direito do que o disponível na França, permitindo às Universidades alemãs não serem tão dependentes de financiamentos provenientes do mercado europeu de direito.

F. Conclusão: a Europa e o Mundo Afora

A história européia é rica e introduz muitos dos conceitos básicos aqui desenvolvidos e forças que irão ser exploradas em outros estudos. Isto demonstra as relações recíprocas entre as mudanças jurídicas, a criação de novos mercados de serviços e a restruturação das práticas. Demonstra, também, que essas mudanças podem ter um efeito fundamental nos campos jurídicos nacionais e nos modos de produção do "direito" dentro deles. Numa menor escala, as mudanças na Europa refletem alterações maiores ocorrendo através do mundo, como a queda de barreiras para a integração econômica, a globalização de sistemas de produção de bens e fornecimento de serviços, e a contribuição e reação a novas lógicas postas em andamento por parte das nações-estado e campos jurídicos.

Capítulo 3

DIREITO POSITIVO E ORDENS SÓCIO-JURÍDICAS: UM "ENGATE OPERACIONAL" PARA UMA SOCIOLOGIA DO DIREITO EUROPÉIA

VITTORIO OLGIATI

1. Introdução

Está bem-fixado no discurso sócio-jurídico que a constituição de um certo número de campos sociais semi-autônomos caracteriza no momento mudanças sociais gerais. Dotados da capacidade de emanar normas, induzir obediência e conformidade e gozar de uma (relativa) articulação, os campos sociais semi-autônomos afetam a sociedade como um todo; e cada nível da sociedade reage a seus sinais segundo múltiplas respostas.

O pensamento jurídico atual, entretanto, ainda considera o direito positivo estatal como o problema central; e grandes esforços têm sido canalizados à solução do problema de sua "distância relacional" da sociedade.

O problema foi claramente percebido, no início do século, por juristas como Santi Romano: na sua visão, o impacto sócio-jurídico crescente dos campos sociais semi-autônomos na sociedade moderna constitui causa e efeito da propalada "crise do Estado" e uma compreensão socialmente adequada de ambos os fenômenos requer o abandono de uma perspectiva monista centrada no Estado.[1]

Mais recentemente, Teubner sugeriu que, a fim de lidar com os dilemas regulatórios do Estado Social — às voltas com estas ordens sócio-jurídicas —, impõe-se uma reavaliação do direito positivo, e que

1. Santi Romano, *L' ordinamento giuridico*, Sansoni, Firenze (1918), 1977.

uma política jurídica socialmente adequada deveria procurar concebê-lo enquanto um sistema auto-referencial.[2]

No momento, o debate científico tem sido dominado pelas críticas à abordagem monista estrita, centrada no Estado, e por uma avaliação do pluralismo jurídico.[3] O território "velado" do direito — "soft-law", "quase-legislação, "ordenamento privado", etc. — tem progressivamente emergido.[4] A combinação de uma tal "zona cinzenta normativa" com formas jurídicas preexistentes, "nativas", "intuitivas", "inoficiais" — na medida em que diferem da dimensão "artificial" do direito estatal — tem sido concebida como um novo tipo de "direito natural".[5] Tendências à justiça informal, ao arbitramento e à desregulação têm sugerido que uma nova "lex mercatoria" mundial, ao nível social, e um "hiper-corpus juris", ao nível institucional, podem vir a dominar os futuros cenários normativos.[6] Simultaneamente, entretanto, estes e outros indicadores também têm sugerido que ordens sócio-jurídicas locais e regionais definirão crescentemente a estrutura cultural e a eficácia substantiva desses cenários.[7]

Nesse contexto, não surpreende que os campos sociais semi-autônomos tenham não somente se tornado um "objeto apropriado de estudo",[8] como também uma questão central para as decisões voltadas à ação sócio-jurídica. Propostas que orientem a área disciplinar da sociologia do direito para "uma sociologia das ordens jurídicas"[9] têm sido crescentemente enfatizadas. Não obstante, um avanço efetivo na área não pode ser realizado senão pelo estabelecimento de um novo "contexto normativo", que deve passar, necessariamente, tanto em termos teóricos quanto normativos, pelo exame crítico do conceito de pluralismo jurídico.

2. G. Teubner, "Aspetti, limiti, alternative della legificazione", in *Sociologia del diritto*, 1, 1985.

3. M. Galanter, "Justice in Many Rooms: Courts, Private Ordering and Indigenous Law", in *Journal of Legal Pluralism*, 19, 1981; e J. Griffiths, "What is Legal Pluralism ?", in *Journal of Legal Pluralism*, 24, 1986.

4. H. Cousy, *Le role des normes non-juridiques dans le droit,* Rapport, XIe Congrés de l'Académie Internationale de droit comparé, 1982; e G. Ganz, "Quasi-legislation: Recent Developments", in *Secondary legislation*, Sweet & Maxwell, London 1987.

5. R. Treves, *Sociologia del diritto*, Einaudi, Torino 1988.

6. J. Steenbergen, J. Meyers, *Deregulering, Europese eenmaking en bescherming van het national belang*, Rapport, 18de Vlaams Wetenschappelijk Economisch Congres, 1987.

7. R.Hofrichter, "Neighbothood Justice" in *Capitalist Society: The Expansion of the Informal State,* Greenwood Press, Westport 1987.

8. S. Moore, "Law and Social Field: the Semi-autonomus Social Fields as an Appropriate Object of Study", in *Law & Society Review*, 17, 1973.

9. G. Rocher, "Pour une sociologie des ordres juridiques", in *Les Cahiers de Droit*, 29, 1, 1988.

Na verdade, os dois modelos prevalentes de pluralismo jurídico — o gradual à Weber e o não-gradual à Romano[10] — trazem à tona uma série de questões: o que sabemos sobre os traços funcionais e estruturais do "engate estrutural" — tal como Luhmann o formula[11] — entre os sistemas jurídicos contemporâneos amplamente diferenciados? O modelo jurídico tradicional "centro-periferia" não se teria tornado "um mapa distorcido de leitura"? Em caso positivo,[12] para onde "redirecionar os estudos sócio-jurídicos"?

O objetivo deste ensaio é analisar seriamente estas questões. De um lado, se se examina a literatura jurídica sobre o tema, logo se percebe que os estereótipos culturais tendem freqüentemente a prevalecer sobre as condições epistemológicas no momento disponíveis para a análise científica e para as decisões jurídicas. De outro, se se examinam os estudos sócio-jurídicos sobre a matéria, não se pode notar senão que, em grande medida, "as proposições gerais ... estão a requerer precisão e operatividade".[13]

Para uma sociologia européia do direito tais questões são ainda mais indispensáveis, considerando-se que duas profecias, a do jovem liberalismo (Comte) e a do socialismo (Marx) — nomeadamente, o fim do Estado (de tipo hegeliano) e a ascensão de um "contexto normativo" baseado antes na "função" do que na "coerção" — estão efetivamente na agenda atual. Além disso, conflitos de jurisdição, clivagens e sobreposições de diferentes tipos de direito ("jus proprium"?; "jus commune"?) — exatamente como ao tempo da queda do Império Romano — já condicionam o "jus publicum aeuropeum" vindouro.[14]

Seguindo uma tradição sociológica bem-estabelecida que enfatiza a importância de perspectivas orientadas à ação e à resolução de problemas na análise sócio-jurídica,[15] este estudo é concebido como uma

10. J.G. Belley, "L' Etat et la régulation juridique des sociétés globales. Pour une problématique du pluralisme juridique", in *Sociologie et Sociétés*, 18, 1, 1986.

11. N. Luhmann, "Operational Closure and Structural Coupling. The Differentiation of the Legal System", unpublished paper, Oñati International Institute for the Sociology of Law, July 1990.

12. B. Sousa Santos, "Droit: une carte de la lecture déformée. Pour une conception post-moderne du droit", in *Droit et Societé*, 10, 1988.

13. Cf. G. Rocher, op.cit.

14. P. Khan, "Droit International économique, droit du développement, lex mercatoria: concept unique ou pluralisme des ordres juridiques?", in P. Fouchard et al. (eds), *Les Droits des Relations Economiques Internationales*, 1982.

15. T. Bottomore, R. Nisbet (eds), *A History of Sociological Analysis*, Heinemann, London 1979; e W. Aubert, "Continuity and Development" in *Law and Society*, Norwegian Univ. Press, Oslo 1989.

estratégia de pesquisa operativa. Além do mais, uma vez que a investigação sociológica do direito relaciona-se a problemas que derivam de diferentes esferas normativas e tende a variar segundo diferentes contextos culturais,[16] cumpre esclarecer que nossa abordagem cinge-se, tanto histórica quanto espacialmente, ao processo de unificação européia atualmente em curso.

2. *Os limites do direito positivo estatal: a resposta da doutrina e da jurisprudência*

Ainda que "a relativa dessacralização do direito já levada a efeito, permita-nos propor questões e proceder a classificações prescindindo da ciência jurídica",[17] iniciaremos com um breve panorama das doutrinas jurídicas e das práticas judiciais.

Uma importante tradição do pensamento jurídico e da jurisprudência ocidentais sugere que tanto as interações assimétricas quanto as intra-sistêmicas entre o direito positivo estatal e as ordens sócio-jurídicas dependem — em última instância — dos limites estruturais internos do primeiro.[18] No âmbito deste trabalho, não podemos detalhar tais limites. Para nossos propósitos é suficiente sublinhar o que já é bastante conhecido: para enfrentar seus próprios limites internos de validade, eficácia e legitimidade, o direito positivo estatal tem sempre se utilizado, instrumentalmente, de ordens sócio-jurídicas.

Por via direta ou indireta, as doutrinas e práticas jurídicas tradicionais sempre afirmaram o primado do direito positivo (quanto mais abrangente e sedimentado, tanto mais "racional" e melhor elaborado tecnicamente, assim por diante):[19] porém, desde que, e na medida em que, a esfera normativa dos chamados subgrupos sociais fosse definida como direito "secundário". Além do mais, os direitos "secundários" foram definidos como meros direitos "auxiliares", pois sua inserção no âmbito do sistema jurídico mais abrangente foi freqüentemente considerada teoricamente difícil e/ou praticamente inoportuna.[20]

16. A. J. Arnaud, *Critique de la raison juridique. Oú va la Sociologie du droit?*, LGDJ, Paris 1981.

17. Cf. B. Sousa Santos, "Droit: une carte de la lecture déformée. Pour une conception post-moderne du droit", in *Droit et Societé* op. cit.

18. M. G. Losano, *Sistema e struttura nel diritto*, Giappichelli, Torino 1968.

19. H. L. A. Hart, *Le concept de droit*, Fac. Univ. St. Luis, Bruxelles 1976.

20. C. E. Balossini, *La rilevanza giuridica delle "regole sociali"*, Giuffrè, Milano 1980; e A. Tarantino, *La sovranitá. Valori e limiti*, Giuffrè, Milano 1990.

Não obstante, tais direitos "auxiliares", "secundários", têm-se mostrado excepcionalmente úteis em relação aos limites do direito positivo estatal. Mais precisamente, os juristas logo se deram conta de que, de um lado, eles são capazes de mapear e preencher as lacunas do direito positivo (efeito clausura normativo); de outro, eles podem mascarar e garantir a discricionariedade substantiva do direito positivo em algumas questões decisivas (efeito de abertura cognitiva). Dessa forma, a despeito do problema teórico da existência factual de tais direitos, eles têm sido tecnicamente "recebidos" e instrumentalmente utilizados.

A prova de tal "recepção" pode ser colhida em diferentes níveis, como de resto o emprego de conceitos tais como "Ventilbegriffe", "Blankettbegriffe", "offene Tatbestande", etc. o atesta. Por exemplo, segundo a chamada teoria gradualista do direito, o direito positivo estatal "reconhece" tanto a existência de ordens sócio-jurídicas semi-autônomas quanto a validade de sua auto-regulação:

a) ao nível do "sistema jurídico", desde que elas possam auxiliar na consecução de tarefas jurídicas gerais — justiça, ordem pública, etc. — que provêem ao direito positivo do Estado o monopólio "legítimo" da força;

b) ao nível das "normas", desde que elas possam auxiliar a garantir a eficácia e/ou a observância das provisões jurídicas que o direito positivo estatal considera como formais, gerais — e, consequentemente, "conhecidas" — por definição;

c) ao nível das "fontes", desde que elas possam auxiliar na pretensão à coerência, completude e sistematicidade formal e substancial do direito positivo estatal;

d) ao nível da "sanção", desde que elas possam reforçar a aceitação e a execução das punições que, segundo o direito positivo estatal, são "imparciais", "proporcionais", etc.[21]

Como se pode verificar, o uso instrumental, em diferentes níveis, dos chamados direitos "secundários", por parte do direito positivo estatal, pode ser totalmente congruente não apenas com as políticas jurídicas gerais centralizadoras,[22] como também com as teorias auto-estilizadas do pluralismo jurídico e do normativismo.

Não surpreende que num tal ambiente cultural, juristas como Carbonnier tenham apregoado repetidamente que "não existe apenas

21. V. Olgiati, "L'etica dell'avvocato come ordinamento", in "*Saggi sull'avvocatura. L'avvocato italiano tra diritto, potere e societá*, Giuffrè, Milano 1990.

22. P. Rescigno, "Le società intermedie", in *Justitia*, 1957.

um pluralismo, senão os fenômenos do pluralismo, de uma diversidade extrema" (fenômenos que — na visão dele — poderiam ser denominados "infradireito") e que, pois, estariam a requerer um direito mais "flexível".[23]

3. *Os limites do direito positivo estatal: a resposta dos estudos sócio-jurídicos*

Por razões que não podem ser devidamente explicitadas neste trabalho, o "engate instrumental" acima mencionado entre o direito positivo estatal e as ordens sócio-jurídicas exerceu uma grande influência "positiva" e "negativa" sobre os estudos sócio-jurídicos,[24] especialmente na Europa continental.

Realmente, se se examina os principais trabalhos voltados à questão, pode-se verificar que o ponto de partida freqüentemente é o mesmo: os limites do direito positivo estatal. Entretanto, o foco da análise e os objetivos da pesquisa têm variado. O estudo da estrutura tanto do direito positivo quanto das ordens sócio-jurídicas é tomado como parte de um programa científico mais abrangente; nesse sentido, tendem a prevalecer considerações sobre os efeitos opostos que ambos produzem na sociedade como um todo.[25]

Nesse contexto, um ponto de partida em comum tem recaído sobre a demonstração de que, quanto mais o direito positivo estatal atuar sobre a sociedade, tanto mais fértil será o terreno para a criação das condições que implicam o "declínio" técnico e operativo do direito positivo como meio "socialmente adequado" da regulação social. Assim sendo, duas têm sido as estratégias de pesquisa prevalecentes: a que respeita à pesquisa e promoção de um novo "ordinamento giuridico", no âmbito do qual a auto-regulação social deve prevalecer;[26] e, em rota oposta, a que concerne à pesquisa e promoção dos pré-requi-

23. J. Carbonnier, *Sociologie juridique*, PUF, Paris 1978; e *Flexible droit*, LGDJ, Paris 1979.

24. R. Koning, "Das Recht im Zusammenhang der sozialen Normensysteme", in *Studien und Materialen zur Rechtssoziologie*, E. Hirsh, M. Rehbinder (eds), Luchterhand, Opladen 1967.

25. F. Tonnies, *Comunitá e societá*, Ed. di Comunitá, Milano 1963; E. Durkheim, *La divisione del lavoro sociale.* Ed. di Comunitá, 1971; M. Weber, *Economia e societá*, Ed. di Comunitá, Milano 1961; e G. Gurtvich, *Sociologia del diritto*, Ed. di Comunitá, Milano 1957.

26. E. Durkheim, *Professional Ethics and Civic Morals*, The Free Press of Glencoe, 1958; T. Geiger, *On Social Order and Mass Society*, Univ. of Chicago Press, Chicago-London 1969; e Habermas, *Teoria dell'agire comunicativo*, Il Mulino, Bologna, 1986.

sitos práticos e teóricos destinados a desenvolver a adaptação evolutiva social do próprio direito positivo.[27]

Como se pode verificar, a questão da primeira estratégia é principalmente "funcional" e "social". Durkheim, Tonnies e Habermas — para nomear apenas alguns autores — estão plenamente cientes de que os limites do direito positivo podem produzir sérias conseqüências sociais, as mais ameaçadoras sendo o debilitamento das relações comunicativas e a falta de solidariedade social entre os atores sociais.

Em linha contrária, a questão da segunda estratégia reside principalmente no "estrutural" e no "técnico". Autores como Weber e Luhmann, em particular, sustentam que "problemas", "riscos" e "déficits" nos estágios evolutivos da positivação do direito dizem respeito, sobretudo, a sua "racionalidade" interna, uma vez que esta se baseia em níveis crescentes de especialização, profissionalização e programas e processos de auto-reprodução.

Em qualquer dos casos, as estratégias evidenciam claramente que uma "cultura jurídica" diferente e uma "mudança legal" relevante são socialmente oportunas e tecnicamente inevitáveis. Uma solução "razoável" parece, pois, tirar proveito tanto da experiência histórica quanto da evolução dessas duas importantes estratégicas teóricas: isto é, ter em conta o potencial estrutural e funcional dos "repertórios" jurídicos específicos que são quotidianamente produzidos pelos subsistemas sócio-jurídicos.

Para Durkheim e Habermas, por exemplo, tal solução traduz uma real "necessidade histórica", já que corresponde às "necessidades sociais" da sociedade como um todo. Para Luhmann — possivelmente mais "desencantado"— trata-se simplesmente de uma "condição evolutiva" requerida pelo direito positivo mesmo, a fim de lidar com a "complexidade crescente de sua própria positivação".

4. *O problema enfocado: o "engate" de sistemas jurídicos estrutural e funcionalmente diferenciados*

Na realidade, os chamados direitos "secundários", produzidos pelos subsistemas sociais de maneira relativamente autônoma, não são, de maneira nenhuma, comparáveis ao direito positivo.[28]

27. Cf. M. Weber, *Economia e societá* op. cit. ; N. Luhmann, *Sociologia del diritto*, Laterza, Bari, 1977; e G. Teubner, "Substantive and Refexive Elements in Modern Law", in *Law & Society Review*, 17, 1983.

28. Cf. R. Koning, "Das Recht im Zusammenhang der sozialen Normensysteme" op. cit.

Tais direitos possuem uma "identidade", uma "razão", uma "lógica" e um "meio-ambiente" próprios. Visando à regulação de relações sociais numa perspectiva funcional e substantiva — ao invés de coercitiva e formal —, eles tendem a criar formas de agregação social persistentes (em vez de condições anômicas permanentes). Além disso, tais direitos lidam com disputas e conflitos a partir se uma "postura para solução dos problemas" e por meio de decisões orientadas para ações específicas; eles buscam garantir a unidade entre personalidade e desempenho de papéis sociais; produzem e asseguram "standards" que não requerem necessariamente habilidades específicas; sua eficácia reside na "necessidade" auto-evidente da conduta prescrita, etc. Finalmente, eles podem facilmente adaptar-se ao meio-ambiente em razão de uma pluralidade de "standards" normativos e programas procedimentais.[29]

No final das contas, tanto de um ponto de vista "funcional" e "social", quanto de um ponto de vista "estrutural" e "técnico", tais direitos parecem particularmente habilitados à superação dos "dilemas" do direito positivo na sociedade moderna e à recriação de um novo contexto normativo geral. O problema básico, entretanto, situa-se noutro lugar: as duas estratégias de pesquisa sócio-jurídica acima mencionadas sugerem e implicam, de fato, dois métodos opostos para atingir suas metas.

Para autores como Habermas, o caminho correto deve evitar tanto quanto possível a instrumentalização dos direitos secundários por parte do direito positivo. O direito positivo não deve ser utilizado como um "meio". Ele não deve mais "colonizar" campos sociais semi-autônomos. A sociedade requer condições de vida nas quais o sentido da ação social e o contexto em que a ação é desempenhada sejam direcionados para uma compreensão autêntica, espontânea. E precisamente tal não pode ser realizado pelo direito positivo no momento, pois sua "racionalização" jurídica implica "alienação" ou "reificação" social.[30]

Ao contrário, para autores como Luhmann, o direito positivo estatal deve tirar o máximo proveito do fato de que os direitos secundários também podem ser "positivados". Pela simples positivação de tais direitos — que, segundo Luhmann, dispensam qualquer tematização política —, matam-se dois coelhos com uma tacada: primeiro,

29. Cf. E. Durkheim, *Professional Ethics and Civic Morals*, op. cit; N. Luhmann, *Sociologia del diritto*, op. cit.

30. Cf. Habermas, *Teoria dell'agire comunicativo*, op.cit.

uma positivação centralizadora total da sociedade por parte do direito positivo torna-se "supérflua"; segundo, toda a sociedade torna-se responsável pelos riscos e problemas inerentes a este novo grau descentralizado de positivação. Em resumo: para Luhmann, os direitos secundários podem e devem tanto assumir a honra quanto arcar com o ônus de auxiliar o direito positivo estatal no enfrentamento de seus limites.[31]

Como se pode notar, uma divergência radical tem caracterizado os estudos sócio-jurídicos. E isto explica por que uma resposta operativa — cientificamente orientada para a ação — ao problema do "engate" tem sido quase instrumental.

Nesse tipo de conjuntura disciplinar, entretanto, os fatos sociais sempre prevalecem sobre as disputas acadêmicas: no nosso caso, os limites do direito positivo estatal, bem como as necessidade sociais, atingem hoje uma tal dimensão quantitativa e qualitativa que o simples uso instrumental dos direitos secundários por parte do direito positivo torna-se social e tecnicamente impossível. Devemos, portanto, a Teubner o mérito de ter tornado claro a juristas e sociólogos do direito que a era do instrumentalismo jurídico "pelo alto" terminou.[32]

5. *Após o instrumentalismo jurídico "pelo alto": direito positivo como "direito reflexivo"?*

Como mencionado, deve-se a Teubner o mérito de ter sublinhado que a era do instrumentalismo jurídico "pelo alto" se foi. É também mérito deste autor ter sugerido uma "mediação" operacional entre as estratégias de pesquisa que vimos analisando neste trabalho. Tal reconhecimento, porém, não implica de maneira nenhuma que a proposta teubneriana — o chamado "direito reflexivo"[33] — deve ser considerada "socialmente adequada" ou mesmo uma solução "tecnicamente plausível". Antes, neste caso também — como teremos oportunidade de examinar —, um certo grau de instrumentalização dos campos sociais semi-autônomos permanece ainda muito evidente.

31. Cf. N. Luhmann, *Sociologia del diritto* op. cit.

32. G. Teubner, "After Legal Instrumentalism? Strategic Models of Post-regulatory Law", in *International Journal of the Sociology of Law*, 12, 1984; e "Evoluzione giuridica ed autopoiesi", in *Sociologia del diritto*, 2-3, 1986.

33. Cf. G. Teubner, "Substantive and Refexive Elements in Modern Law" op. cit.

Pelo menos em seus termos gerais, a estratégia teubneriana rumo a um "direito reflexivo" é bem conhecida de juristas e sociólogos do direito. Algumas breves observações nos permitirão retomar apenas as proposições analíticas mais relevantes do modelo.

Segundo Teubner, o envolvimento do direito positivo na crise do Estado (Social) tem provocado, no momento, um sério "trilema regulatório": a) a "indiferença" recíproca entre direito e sociedade; b) a "colonização" da sociedade por parte do direito; e c) a "desintegração" do direito por parte da sociedade.[34]

O primeiro dilema — a indiferença recíproca entre direito e sociedade — refere-se ao fato de que, em virtude do alto grau de diferenciação atingido no presente, cada sistema social tende a reagir apenas a suas próprias regras. Na medida em que isto vale também para os sistemas jurídicos, o direito positivo estatal, de um lado, perde tanto o contato, quanto, de outro, autoridade institucional sobre a sociedade. Em resumo, o direito positivo tem-se tornado progressivamente incapaz de controlar — no duplo sentido de governar e regular — qualquer esfera da sociedade.

O segundo dilema — a colonização da sociedade por parte do direito — refere-se ao fato de que, em virtude de sua natureza e dimensão altamente especializadas, o direito positivo parece tender, no momento, à destruição da "autenticidade" e "identidade" das relações básicas que constituem os sistemas sociais (o chamado "Lebenswelt" ou "mundo da vida"). Em resumo, o direito positivo pode se tornar uma ameaça real à sociedade.

O terceiro dilema — a desintegração do direito por parte da sociedade — refere-se ao fato de que, dado o alto grau de mobilidade e mudança social em sistemas sociais como a política, a economia etc., o direito positivo parece crescentemente incapaz de definir seu próprio "discurso", assim como de desempenhar seus próprios programas específicos em relação a outros sistemas sociais. Em resumo, o direito positivo tem perdido a capacidade de conferir autoridade e coerência a sua própria lógica interna.

Com efeito, na visão de Teubner, o trilema regulatório tem procurado demonstrar que o direito positivo tem sido excessivamente instrumentalizado pela sociedade (e não vice-versa!): e, nessa exata

34. G. Teubner, "Das regulatorische Trilemma. Zur Diskussion um post-instrumentale Rechtsmodelle", in *Quaderni Fiorentini*, 13, 1984; Cf. G. Teubner, "Aspetti, limiti, alternative della legificazione", op. cit.

medida, a questão central no momento não reside mais em apenas redefinir a jurisdição da "autonomia relativa" do direito positivo, mas em garantir e defender as pré-condições mesmas de sua própria existência. Nesse sentido, impõe-se o desenvolvimento de uma nova "racionalidade" jurídica e de novas condições operacionais para o direito positivo, porém, menos no que concerne a seus resultados sociais, e mais no que se refere a suas premissas decisórias (técnicas), isto é, à sua programação estrutural interna.

Para cumprir essa meta, a solução ótima estaria — segundo Teubner — em dotar o direito positivo da capacidade de "auto-reflexão".[35] Por intermédio desta capacidade "reflexiva", importantes questões colocadas pelo trilema regulatório poderiam ser evitadas ou mesmo resolvidas.

Em primeiro lugar, o direito positivo pode desempenhar um estrito autocontrole interno (desempenho de fechamento estrutural). Segundo, ele somente pode interagir com a sociedade na medida de seus próprios limites internos (desempenho de abertura funcional). Em outros termos, um direito positivo "reflexivo": a) mantém e reforça sua "diferença" específica em relação aos outros subsistemas; b) reconhece a "unidade" e "identidade" dos demais subsistemas como "diferença"; e, consequentemente, c) pode limitar seus próprios desempenhos a uma "harmonização estrutural" do contexto sócio-jurídico mais abrangente pela distribuição de direitos e deveres de regulação.

Noutras palavras: um direito positivo "reflexivo" é capaz não somente de reconhecer que não pode mais definir autoritariamente as dimensões estruturais e funcionais dos subsistemas sociais — nem pretende fazê-lo — como também, e principalmente, que sua contribuição específica à "complexidade social" restringe-se a desempenhar a mera "generalização" de todas as auto-regulações existentes.[36]

Como se pode verificar, muito já transcorreu desde que o direito positivo estatal reconheceu a função "auxiliar" dos direitos "secundários" no que respeita ao preenchimento de suas lacunas! Não obstante, uma atitude instrumental sobre o ponto em questão ainda subsiste e, a despeito da reivindicação teubneriana, a tarefa não se modificou substancialmente: confirmar a "autonomia" estrutural básica do direi-

35. Cf. G. Teubner "Evoluzione giuridica ed autopoiesi", in *Sociologia del diritto*, op.cit.

36. Cf. G. Teubner "Evoluzione giuridica ed autopoiesi", in *Sociologia del diritto*, op.cit.; e G. Teubner (ed), *Autopoiesis in Law and Society*, de Griunter, Berlin 1988.

to positivo estatal em relação à sociedade e reafirmar sua posição central enquanto mecanismo generalizado de ordenação social.

Enquanto o direito positivo for considerado "mecanismo generalizado", fica claro que a chamada "harmonização estrutural" entre o direito positivo e as ordens sócio-jurídicas — nos moldes sugeridos por Teubner — consiste simplesmente na promoção de um tipo (antigo) de "descentralização" normativa: a "investidura" simbólica — politicamente relevante — das ordens sócio-jurídicas nos poderes políticos "oficialmente" reconhecidos da autonomia (auto-regulação), da autarquia (auto-administração) e da "autocrinia" (auto-jurisdição).

Dito de outra forma, fica evidente que Teubner leva em consideração — de um ponto de vista sócio-jurídico — o que Schmitter, Lehmbruch e Cawson — de um ponto de vista político — denominam "neo-corporativismo", isto é, o relacionamento entre "pluralismo, corporativismo e o papel do Estado" nas sociedades ocidentais contemporâneas.[37] Porém, dada sua aproximação "autopoiética" ao pluralismo jurídico, Teubner não parece aceitar a idéia de que a era do primado do direito positivo também tenha terminado.[38]

6. *Redirecionando os estudos sócio-jurídicos rumo à estrutura da ação social: a emergência de expectativas de um terceiro tipo*

A evidência de que o mero "instrumentalismo jurídico pelo alto" se tenha tornado "socialmente inadequado" ao "engate operacional" de sistemas jurídicos diferenciados , tais como o direito positivo estatal e os direitos "secundários", e a constatação de que o direito positivo tem perdido seu papel central no âmbito sócio-jurídico parecem exigir mais do que uma reavaliação geral do processo de positivação do direito. A meu ver, isto implica que estudos sócio-jurídicos deveriam mudar sua agenda e voltar-se às "clivagens-via-entrelaçamentos" que ocorrem atualmente na estrutura tanto da ação social como jurídica.

Como procurarei demonstrar, o atual "engate operacional" dos sistemas jurídicos acima mencionados a) não pode mais se basear no

37. P. C. Schmitter, "Still the Century of Corporatism ?", in *The Review of Politics*, XXXVI, 1974; G. Lehmbruch, "Liberal Corporatism and Party Government", in *Corporative Political Studies*, X, 1977; e A. Cawson, "Pluralism, Corporatism and the Role of the State", in *Government and Opposition*, XIII, 1978.

38. Cf. G. Rocher, "Pour une sociologie des ordres juridiques", in *Les Cahiers de Droit*, op. cit.; Cf. B. Sousa Santos, "Droit: une carte de la lecture déformée", op. cit.

primado tradicional do código binário das chamadas expectativas cognitivo-normativas — código típico do direito positivo — (dimensão estrutural e "técnica"), pela simples razão de que b) também não pode mais se basear nos códigos binários tradicionais — ou nas "grandi divisioni", como Bobbio os teria designado — da "composição social" — sociedade civil vs. Estado político; economia vs. direito; direito vs. política etc. —, típicos da sociedade moderna (dimensão "social" e funcional).

Já que Habermas e Luhmann estão entre os principais autores contemporâneos a aprofundar estas questões, e já que Teubner tem considerado seus trabalhos como pontos de partida importantes para a superação do "instrumentalismo jurídico", passo a seguir a considerar, segundo meus propósitos, de forma mais aprofundada a obra destes três autores.

Na minha visão, uma abordagem frutífera deveria iluminar primeiramente não os limites (transformados em potenciais) do direito positivo estatal, mas a "irrationale" normativa, isto é, "a plasticidade da razão jurídica",[39] que "explica" o atual crescente impacto da ordem sócio-jurídica dentro, fora e contra o direito positivo estatal.

Na verdade, segundo Luhmann, a peculiaridade da regulação das ordens sócio-jurídicas está em que não depende tanto de sua "jurisdição", mas dos processos de sua institucionalização. "A peculiaridade sociológica dos direitos secundários — afirma Luhmann — torna-se clara se se consideram não os seus objetos ou os seus objetivos, mas os seus sujeitos". Mobilidade social e diferenciação — isto é, a "complexidade social" — são a razão básica de sua existência. Na medida em que os direitos secundários institucionalizam a mobilidade social e a diferenciação, eles se tornam também um meio congruente para generalizar expectativas sociais.[40]

Porém, que tipo de expectativas estão ameaçadas? Dada a diferença estrutural e funcional dos direitos "secundários" em relação ao direito positivo, esta questão é decisiva. Se a esfera normativa necessariamente implica a emergência de "ilusões" ou desapontamentos, e se os direitos "secundários" conseqüentemente não podem evitá-los, seguir-se-ia daí que, em princípio, os direitos "secundários" poderiam enfrentar as expectativas sociais de maneira fundamentalmente diferente daquela do direito positivo?

39. Cf. A. J. Arnaud, *Critique de la raison juridique. Oú va la Sociologie du droit?*, op. cit.

40. Cf. N. Luhmann, *Sociologia del diritto*, op. cit.

Bem paradoxalmente, a resposta de Luhmann a essa questão é afirmativa. Todo o trabalho científico de Luhmann — de sua sociologia do direito a sua teoria social geral — está baseado na dicotomia básica e inevitável entre expectativas "cognitivas" e "normativas". Afinal, parece impossível admitir-se, lógica e praticamente, a existência de um terceiro tipo de expectativas, que não corresponderia nem ao princípio da realidade enquanto *Sein* (expectativas cognitivas), nem ao princípio da realidade enquanto *Sollen* (expectativas normativas). Entretanto, num breve e antigo ensaio,[41] Luhmann afirma *litteris*: "existe realmente um campo abrangente de expectativas concretas que não se reduzem univocamente nem a um nem a outro tipo de expectativas".

A especificidade deste terceiro tipo de expectativas — que podem absorver "ilusões"! — está em que sua validade não requer necessariamente papéis e procedimentos especializados; sua eficácia não requer necessariamente meios coercitivos; sua legitimidade não requer necessariamente o consenso ou a aceitação social. Tais expectativas obrigam por si mesmas. Seu conteúdo é apenas "racionalmente auto-evidente" e, por isso mesmo, inevitável. Eis a razão por que elas podem enfrentar a complexidade social a partir de uma gama variada e abrangente de técnicas, diretivas e "standards".

Em resumo, segundo Luhmann, a existência deste segmento jurídico confirma que "somente uma parte muito limitada das expectativas normativas assume a forma de direito positivo", e que nas interações sociais cotidianas, pode-se encontrar um número de ordens jurídicas muito menos "incertas" e "arriscadas" e muito mais estáveis que o direito positivo.[42]

Assim sendo, se a sociologia do direito, bem como a teoria social geral de Luhmann estiverem ambas corretas, ninguém poderá duvidar de que o enorme crescimento quantitativo e qualitativo dos complexos sociais auto-regulatórios, de um lado, e o declínio sensível das funções regulatórias do direito positivo, de outro, têm uma "razão" em comum: o fim não somente da tradicional distinção jurídica entre *Sein* e *Sollen*,[43] como também — e acima de tudo — da "grande divisione" sócio-psicológica entre expectativas "cognitivas" e "normativas".

41. N. Luhmann, "Normen in soziologischer Perspektive", in *Soziale Welt*, 1969.
42. Cf. N. Luhmann, "Normen in soziologischer Perspektive" op. cit.
43. H. Kelsen, *Lineamenti di dottrina pura del diritto*, Einaudi, Torino 1952.

Em outros termos, a emergência de ordens sócio-jurídicas na sociedade contemporânea — como também a emergência de um "soft-law", da quase-legislação etc. no âmbito do direito positivo — são indicadores claros de que, ao nível básico da ação social, expectativas de um terceiro tipo têm prevalecido. As meras expectativas normativas estritas já não podem mais salvaguardar os atores sociais da complexidade social e da contingência. Conseqüentemente, o direito positivo não pode nem ao menos garantir a sua "certeza" formal. O processo de positivação do direito perdeu suas pré-condições epistemológicas mais significativas. A estrutura das expectativas sociais tem-se transformado e este "simples" fato tem redimensionado o direito positivo rumo a uma posição diferente no âmbito normativo (porém, não em direção à reflexividade autopoiética).

Com efeito, a perspectiva jurídica tradicional ancorada na dicotomia "centro-periferia" perdeu o sentido. Cada vez mais a legitimidade e a eficácia do direito positivo têm sido enfatizadas apenas e tão-somente ao nível simbólico. Este não é o "fim do direito",[44] mas, seguramente, está a requerer uma mudança radical no "engate" jurídico operativo. Também se requer um nova cultura jurídica, e, como afirma Sousa Santos, "para atingir tal objetivo, a sociologia do direito deve rever suas prioridades".[45]

7. *Redirecionando os estudos sócio-jurídicos rumo à estrutura da ação social: refúgios institucionais e fechamento social*

Se as mudanças que atualmente se processam na estrutura da ação social têm tido um tremendo impacto no direito positivo, isto não é menos verdade para as ordens sócio-jurídicas.

Num primeiro exame, o centro normativo dessas ordens não parece ainda totalmente "colonizado" pelo direito positivo: como afirma Habermas, ainda é possível distinguir entre o papel do direito enquanto "meio" (isto é, enquanto instrumento) e o papel do direito enquanto "instituição" (isto é, enquanto princípio constitutivo).[46] No entanto,

44. T. O'Hagan, *The End of Law?*, 1984

45. Cf. B. Sousa Santos, "Droit: une carte de la lecture déformée. Pour une conception post-moderne du droit", in *Droit et Societé*, op. cit.

46. J. Habermas, "Law as a Medium and Law as Institution", in G. Teubner (ed), *Dilemas of Law in the Welfare State*, de Gruyter, Berlin, 1986.

há evidência suficiente de que os campos sociais semi-autônomos têm crescentemente perdido — ou mesmo nunca chegaram a adquirir — aqueles traços que Habermas denomina "Verständigungsformen" ou "rede de compreensão". Assim sendo, mesmo em tais campos tende crescentemente a prevalecer uma estrutura "finalística" ou "estratégica" de ação social.

Para Habermas, o processo de "reificação" dos campos sociais semi-autônomos deve-se principalmente a sua "juridificação" por parte do direito positivo estatal. Porém, uma observação mais atenta revela que se realmente instituições e relações sociais básicas (família, educação etc.) têm sido "internamente colonizadas", isto se deve ao radical entrelaçamento que hoje caracteriza a economia, a sociedade e o Estado. Conseqüentemente, o direito positivo e os direitos "secundários" são virtualmente "compelidos" a promover um "engate operativo" simplesmente porque outras "grandi divisioni" — notadamente, entre direito e economia e entre sociedade e Estado — têm efetivamente perdido sua "rationale".

No entanto, um tal "engate operativo forçado" diz respeito somente a um lado da moeda. A contrapartida da "juridificação" da sociedade por parte do direito positivo estatal corresponde ao que Teubner tem designado "desintegração" do direito positivo por parte da sociedade. Em relação a este processo de "desintegração", há que se levar em conta certas variáveis. Sumariando, é possível afirmar que as ordens sócio-jurídicas têm crescido não apenas no âmbito interno do direito positivo estatal, como também para além e mesmo contra a normatividade positiva, em virtude de um certo número de "abrigos jurisdicionais", fornecidos, paradoxalmente, pelo próprio direito positivo nos níveis local, nacional e internacional.

De outra parte, é possível dizer que tanto sua evolução diacrônica, quanto as proporções assimétricas que assumem, tornam tais "abrigos jurisdicionais" extremamente reativos a qualquer mudança legal ou social produzida pelo direito positivo. Assim sendo, como qualquer instituição real, quanto mais crescem, tanto mais tendem a transformar limitações sociais externas em potencialidades internas.

Os resultados e desdobramentos desse processo são muito evidentes: magistrados dos tribunais de instância superior abandonam o Judiciário em favor da arbitragem privada; juízes de primeira instância reivindicam a condição de defensores dos "direitos sociais" e da "ecologia"; a "jurisdição" dos advogados acha-se sob o fogo cruzado dos contadores e notários; impõe-se um padrão novo de educação e treinamento jurídico;[47] o policiamento se torna sinônimo de "vigilantismo";[48] "comunidades terapêuticas" tornam-se "alternativas" às prisões do Estado, etc. O próprio direito positivo é utilizado instrumentalmente por poderosas ordens sócio-jurídicas a fim de "justificar" legalmente suas "guerras privadas". E, por uma série de razões, a atividade criminal — no sentido jurídico comum da expressão — tende a se beneficiar dessa situação geral.

Nesse contexto de "interlegalidade"[49] — em que sistemas jurídicos hegemônicos e antagônicos, em níveis e momentos diferentes e por razões diversas, tornam-se complementares e simbióticos — fica evidente que a própria estrutura da ação social é condicionada. Em grande medida, expectativas e comportamentos em relação ao desempenho de papéis já não implicam mais uma "identidade pessoal" substantiva, porém, antes, uma espécie de "pertencimento coletivo" padronizado.[50] Os princípios da "igualdade-desigualdade" são remodelados segundo a chamada "igualdade de reconhecimento", isto é, segundo um princípio único de inclusão-exclusão.[51] Os "círculos dos privilegiados" tornam-se por igual "círculos de refugiados". Simples "ritos de passagem" — em vez das habilidades pessoais — tendem a moldar a diferenciação e a mobilidade social. Procedimentos de cooptação substituem o "direito de participação". E, como Haller afirma, se se examinam "tendências e fatos fundamentais", verifica-se que "a persistência de hierarquias de estratificação verticais" conduz "à segmentação interna e à compartimentação aleatória".[52] Noutras palavras, a infinita diversidade jurídica local dos campos sociais semi-

47. V. Olgiati, P. Ioppa, "Professional Credentials of Italian Notaries", paper apresentado ao Onãti IISL Workshop on *Law, Professions and State-sponsored Social Change*, Onãti, 7 e 8 de julho de 1990; a ser publicado no "European Yearbook in the Sociology of Law", 1991.

48. C. D. Shearing, P. C. Stenning (eds), *Private Policing*, Sage publ., Newbury Park, 1987; e V. Olgiati, M. Astori, "La difesa privata armata in Italia. Dalla supplenza all'appalto del controllo sociale diffuso", in *Sociologia del diritto*, 3, 1988.

49. Cf. B. Sousa Santos, "Droit: une carte de la lecture déformée. Pour une conception post-moderne du droit", in *Droit et Societé*, op. cit.

50. F. Crespi, "Ordine simbolico e produzione della diseguaglianza", in Atti del Convegno AIS, *Diseguaglianze sociali ed equitá in Europa*, Como-Villa Olmo, 17-19 Ottobre 1990.

51. A. Pizzorno, "Note sul concetto di eguaglianza di riconoscimento", in Atti del Convegno AIS, *Diseguaglianze sociali ed equitá in Europa*, Como-Villa Olmo, 17-19 Ottobre 1990.

52. M. Haller, "Soziale Ungleichheit und gerechtigkeit in Europa", in Atti del Convegno AIS, *Diseguaglianze sociali ed equitá in Europa*, Como-Villa Olmo, 17-19 Ottobre 1990.

autônomos impede o reconhecimento de um "jus in omnia" em cada ator social individual, isto é, uma cidadania universal.

De outro lado, o contexto atual de "interlegalidade" também produz efeitos políticos. Em particular, o "engate operacional" entre as racionalidades jurídicas "formal" e/ou "material", juntamente com o "engate" dos meios disciplinares 'físicos" (territoriais) e "funcionais", tem tido um impacto brutal nos padrões correntes (institucionais e constitucionais) da democracia. De uma parte, como afirma Warat, "de abstrata, a democracia se vai tornando figurativa, expressão cênica de uma participação simulada".[53] De outra, Estados "democráticos" autoestilizados estão se transformando em verdadeiros modelos dos chamados "duplos Estados democráticos",[54] à medida que diferentes "standards" jurídicos são aplicados a diferentes grupos sociais.

Em conclusão: se se considera seriamente a variedade de "materiais jurídicos" à disposição na atualidade, pode-se verificar que o real "dilema regulatório" não é a "indiferença recíproca" entre sistemas jurídicos diferenciados, como assinala Teubner, mas, contrariamente, o seu "engate" e entrelaçamento instrumental diferenciado: uma rede jurídica instrumental que produza objetivamente abrigos institucionais e, conseqüentemente, o fechamento social. Afinal, como afirma Schmitter, pluralismo jurídico e neocorporativismo são simplesmente espécies de um mesmo gênero!

8. *Um caso em questão: a divisão do trabalho no controle social e a "reconversão" das profissões jurídicas*

Sob muitos aspectos, esse movimento em direção a um "fechamento" sócio-jurídico geral poderia ser explicado em termos de "escassez". Um número crescente de recursos sociais — tempo, espaço, bens, valores — parece realmente "escassear", e os sistemas jurídicos tipicamente produzem e/ou reforçam ("selecionam") processos que levam à escassez.[55]

53. L. A. Warat, "Democracia, derechos humanos y post-modernidad! Una reflexión sociologica a partir del principio de realidad en Freud", in A. J. Arnaud (ed), *Sociology of Law*, Splashes and Sparks, Oñati IISL, 1990.

54. E. Fraenkel, *Il doppio Stato. Contributo alla teoria della dittatura*, Einaudi, Torino 1983.

55. N. Luhmann, "Il tempo scarso e il carattere vincolante della scadenza", in S. Tabboni (ed), *Tempo e societá*, Angele, Milano, 1985.

Porém, a escassez mesma é um produto social: portanto, a fim de evitar uma explicação tautológica da estrutura da ação social importa enfatizar não propriamente a escassez mas a utilização dos recursos sociais. No que respeita a uma tal perspectiva — muito próxima ao "modelo ecológico" que prevalece atualmente na sociologia urbana[56] — os estudos sócio-jurídicos têm avançado relativamente em dois campos de estudo relacionados: o controle social e as profissões jurídicas. Portanto, em prol da clareza e da brevidade — deter-me-ei apenas nestas áreas relacionadas.

Além da disciplina social (seletiva) tradicional — baseada em conflitos duradouros que se referem a interesses e/ou "identidades" culturais, étnicas, políticas etc. — um novo tipo de disciplina social (seletiva) vem emergindo, baseada em curtos-circuitos "funcionais" ocasionais, discricionários e temporários.

Paradoxalmente, o novo tipo de disciplina social pode ser concebido como uma reação a partir do colapso de um certo número de barreiras técnicas e institucionais de tempo-espaço. Entretanto, trata-se principalmente do alto grau de diferenciação, especialização e profissionalização dos programas de controle social provocado pela "multiplexidade" das novas demandas e posturas sócio-jurídicas dos legisladores.

De fato, as performances diacrônicas de uma pluralidade de sistemas jurídicos diferenciados não apenas tendem a produzir a "dissolução" dos códigos jurídicos binários tradicionais, tais como formal-informal, oficial-inoficial, ação-imputação etc.,[57] como também inviabilizam o estabelecimento de um conjunto de funções logicamente coerente e, sobretudo, favorecem a limitação substancial da responsabilidade "jurídico-formal" e "pessoal".[58] Além do mais, as "relações jurídicas fronteiriças" básicas[59] não só têm sido continuamente ajustadas e/ou renegociadas fora (ou mesmo prescindindo-se) da estrutura de um modelo legalmente prescrito — como a "teoria pluralista da

56. T. Hagerstrand, "Space, time and human conditions", in A. Karlqvist (ed), *Dynamic Allocation of Urban Space*, Saxson House, Farnborough, 1975; A. Pred, *City Systems in Advanced Economies*, Hutchison, London 1977; e A. Giddens, *The Constitution of Society*, Univ. of California Press, Berkeley-Los Angeles, 1984.

57. M. Findlay, U. Zveckic (eds), "Informal Mechanisms of Crime Control" in *A Cross-cultural Perspective*, UNSDRI publ. n.31, Roma, 1988.

58. T. Pitch, *Responsabilitá limitate*, Feltrinelli, Milano, 1989.

59. V. Gessner, A. Schade, "Conflicts of Culture in Cross-border Legal Relations: the Conception of a Research Topic in the Sociology of Law", in *Theory, Culture & Society Issue on Global Culture*, Sage Publ., London, 1990.

derivação do direito" parece sugerir[60] — como também têm sido desempenhadas a partir de processos não-consensuais, já que o consenso social "pressuposto" se constitui simplesmente numa ficção ideológica.

Nesse sentido, não surpreende que após a reorientação teórica da "Teoria da Regulação"[61] para a "Teoria Integrativa da Regulação"[62] e para a "Teoria da Contenção",[63] e depois do abandono e da dissolução do conceito de "desvio",[64] novos conceitos como "vulnerabilidade social" têm sido propostos com o objetivo de definir a "posição global de uma parcela da população em relação à organização social";[65] e expressões como "distância relacional" tenham sido sugeridas como indicadores importantes do nível de "legalização" relacionado ao processo de divisão técnica do trabalho no controle social.[66]

Nesse contexto geral, a "reconversão"[67] das profissões jurídicas — as "guardiãs do direito" — ganha relevância. Para alguns autores, tal "reconversão" deve-se principalmente à "internacionalização do mercado e seu corolário, a invalidação das instituições do Estado Social que caracterizavam a regulação econômica de tipo fordista".[68] Em particular, poderosas ordens sócio-jurídicas como as grandes companhias transnacionais dominam o cenário jurídico da divisão técnica do trabalho no controle social. Mudanças radicais no direito e na dinâmica das profissões jurídicas têm sido por elas provocadas, em grande medida porque se constituem em "atores freqüentes" nos Tribunais, produzem demandas hiper-legalizadas, requerem alta especialização e estimulam

60. E. Schanze, *Investitionsvertrage im internationalen Wirtschaftsrecht*, Metzner, Frankfurt, 1986.

61. T. Hirshi, *Causes of Delinquency*, Univ. of California Press, Los Angeles, 1969.

62. M. Le Blanc, L. Biron, *Vers une théorie integrative de la regulation de la conduite delinquante des garçons*, Univ. of Montreal, GRIJ, IV, 1980.

63. W. C. Recless, *The Crime Problem*, Englewood Cliff, Prentice Hall, 1987.

64. V. Tomeo, *Il diritto come struttura del conflitto*, Angeli, Milano, 1981; e C. Sumner, "El abandono de la teoria de la desviación: la criminologia marxista en Gran Bretaña desde 1975", *Revista Cenipec*, n.7, 1982.

65. L. Valgrave, N. Vettenburg, "Delinquance grave, vulnérabilité sociétale et les institutions sociales", in *Actes VIémes Journées internationales d'études comparées de la delinquance juvénile*, CFRES, Vaucresson, 1986.

66. J. Griffiths, "The Division of Labour in Social Control", in D. Black (ed.), *Toward a General Theory of Social Control*, vol. 1, Academic Press, London, 1984.

67. V. Olgiati, "Avvocati e notai tra professionalismo e mutamento sociale", in W. Tousijn (ed.), *Le libere professioni in Italia*, il Mulino, Bologna, 1987.

68. Y. Dezalay, "Putting Justice "Into Play"on the Global Market: Law, Lawyers, Accountants and the Competition of Financial Services", in *Tidskrift for Rattssociologi*, 6, 1/2, 1989.

a erupção da competição,[69] juridificação e procedimentalização de virtualmente todos os setores organizados da sociedade.

Segundo outros autores, a "reconversão" das profissões jurídicas deve-se principalmente à "resposta" das chamadas estruturas de "longa duração"[70] à internacionalização do mercado. Neste caso, além do Estado, ordens sócio-jurídicas poderosas como as corporações profissionais, aparatos institucionais e organizações científicas parecem ser, em última instância, decisivas, já que não apenas produzem mudanças sócio-jurídicas, como também possuem "mandatos de conhecimento" e o credenciamento institucional básico.[71]

No entanto, sopesadas ambas as perspectivas, parece ficar claro que a "reconversão" das profissões jurídicas diz respeito não apenas a questões técnicas ou morais, como também, e acima de tudo, a questões políticas. De fato, o redimensionamento da prática jurídica "da indeterminação à especialização técnica"[72] e das profissões jurídicas do "patriciado à elite profissional"[73] e do "notável ao expert",[74] não pode mascarar o fato de que a chamada "interlegalidade" tem colocado em questão a lealdade política tradicional dos advogados ao direito positivo (princípio da legalidade), ao cidadão (princípio do "desinteresse") e ao Estado (princípio da autonomia).[75]

Mais precisamente, a aliança estratégica tradicional com o "poder soberano, o público"[76] e o tradicional "princípio de reciprocidade" en-

69. R. Nelson, *Partners with Power: the Social Transformation of the Large Law Firms*, Univ. of California Press, Berkeley, 1987.

70. H. Siergrist, "Professionalization as a Process: Patterns, Progression and Discontinuity", in M. Burrage, R. Torstendhal (eds), *Professions in Theory and History*, Sage Publ., London, 1990.

71. T. C. Halliday, B. G. Carruthers, *States, Professions and Legal Change: Reform of the English Insolvency Act*, 1977-1986, paper apresentado ao ISA-World Congress, Madrid, 9-13 de julho de 1990.

72. J. Flood, "The Legal and Business Professions of Europe" in *1992 and Multidisciplinary Practice: from Indetermination to Technicality*, paper preparado para o European Working-group on Corporate Professionals, 1990

73. M. Powell, *From Patrician to Professional Elite. The Transformation of the New York City Bar Association*, Russel Sage Found., New York, 1988.

74. Y. Dezalay, "Le droit des faillites: du notable á l'éxpert. La restruturation du champ des professionnels de la restructuration des entreprises", in *Actes de la Racherche*, 76/77, 1989.

75. V. Olgiati, *Saggi sull'avvocatura. L'avvocato italiano tra diritto, potere e societá*, Giuffré, Milano, 1990.

76. L. Karpik, "Technical and Political Knowledge: the Relationship of Lawyers and Other Legal Professions to the Market and the State", in R. Torstendhal, M. Burrage (eds.), *The Formation of Professions*, Sage Publ., London, 1990.

tre as profissões jurídicas, a sociedade e o Estado, ambos selados pelos advogados no século passado, têm sido fortemente abalados pelo novo contexto sócio-jurídico. Tal como documentado por um certo número de autores,[77] esse contexto sócio-jurídico tem particularmente afetado, no momento, os "limites fronteiriços" da "jurisdição profissional": a autodisciplina e a prestação jurisdicional. Mas já há indicadores de que o centro jurídico-político da profissão — as garantias (formais) de defesa e o controle social (substancial) do conhecimento técnico-jurídico — também tem sido seriamente questionado.[78]

9. *Observações finais: para uma aproximação crítica do pluralismo jurídico*

Segundo Luhmann, o problema básico de uma teoria do sistema jurídico está em "como definir a operação que diferencia o sistema e organiza a diferença do sistema e do meio-ambiente de maneira a tornar compatíveis níveis elevados de dependência e independência".[79]

Como temos assinalado, o que segundo Luhmann constitui um problema teórico intrincado — com a perda de sentido das grandes (e pequenas) "divisioni" criadas pelas doutrinas jurídicas (fato-valor; *Sein-Sollen*; cognição-normatividade; forma-substância; conceito-interesse; sujeito-objeto etc) — hoje, na prática, converte-se num fato da nossa experiência quotidiana que requer uma compreensão adequada. Muito maior atenção, por conseguinte, deveria ser dada ao entrelaçamento diferenciado geral — a chamada "interlegalidade" — entre sistemas jurídicos basicamente diferentes e seu impacto social, cultural e institucional na sociedade como um todo, nos níveis local, regional, nacional e internacional.

Isto não significa, de maneira nenhuma, que os esforços luhmannianos no sentido de abandonar "teorias sistêmicas abertas" em prol de uma "teoria sistêmica fechada" como a "autopoeiesis" e de focali-

77. A. Paterson et al., "Competition and the Market for Legal Services", in *Journal of Law and Society*, 15, 1988; e K. Economides, "Franchising and Rural Legal Services", paper revisto e apresentado ao Lord Chancellor's Legal Advisory Committee, 12 Set. 1989, in *European Yearbook in the Sociology of Law* (a ser lançado).

78. R. Dingwall, P. Fenn, "A Respectable Profession?", in *International Journal of Law and Economics*, 7, 1987.

79. Cf. N. Luhmann, "Operational Closure and Structural Coupling. The Differentiation of the Legal System", op. cit.

zar o problema do "engate estrutural" de diferentes sistemas jurídicos ressinta-se de qualquer relevância social ou não "reflita" questões socialmente relevantes. Pelo contrário, o entrelaçamento diferenciado entre uma pluralidade de sistemas jurídicos — na medida em que é basicamente instrumental — não apenas implica processos de fechamento social e institucional como também requer processos assimétricos e diacrônicos de diferenciação entre sistemas jurídicos em espaços e tempos diversos.

Portanto, se no momento nosso "universo" jurídico é constituído de subsistemas jurídicos diferenciados (fechados); se a "totalidade" de uma tal esfera jurídica não corresponde à soma aritmética desses subsistemas jurídicos "parciais", mas, ainda assim, pode ser considerada enquanto um sistema peculiar; e, finalmente, se todos os sistemas jurídicos estão estritamente entrelaçados e tal entrelaçamento engendra efeitos políticos relevantes pós-Estado Social, segue-se que o conceito tradicional de "pluralismo jurídico" — que domina no momento os estudos sócio-jurídicos — não se encaixa perfeitamente enquanto instrumento analítico válido.

Com efeito, salvo notáveis exceções,[80] o conceito de "pluralismo jurídico" prevalecente nos estudos sócio-jurídicos atuais prende-se ainda aos limites de poder do direito positivo enquanto sistema jurídico central. Relaciona-se à crise do Estado; à utilização instrumental de ordens sócio-jurídicas "pelo alto"; a controvérsias culturais referentes às tradicionais "grandi divisioni": direito público vs. direito privado; sociedade civil vs. Estado político; normativismo vs. institucionalismo; teoria jurídica vs. sociologia do direito, e assim por diante.

Hoje, contrariamente, o direito positivo estatal já não permanece mais como sistema jurídico central em comparação com o domínio jurídico das grandes companhias transnacionais; o Estado-Nação não se encontra apenas em crise: em certa medida, desvanece mesmo; a era de um instrumentalismo jurídico unilateral — como temos apontado — findou. Uma controvérsia em torno de uma abordagem do direito, tal qual a travada entre Kelsen e Ehrlich no início do século , parece carecer de sentido atualmente: enquanto alguns autores discutem sobre "desordem ordenada", "reintegração e desintegração jurídicas",[81] outros inclusive afirmam que uma "justiça sociológica" já teria surgido.[82]

80. P. Sack, E. Minchin, "Legal Pluralism", *Proceedings of the Canberra Law Workshop VII*, Law Dept. Australian National Univ., Canberra, 1986.

81. W. H. Clune, "Legal Desintegration and a Theory of the State", in C. Joergers, D. M. Trubek (eds), *Critical Legal Though: An American-German Debate*, Nomos Verl.-Ges., Baden-Baden, 1989.

82. D. Black, *Sociological Justice*, Oxford Univ. Press, New York, 1989.

Por estas razões e num tal contexto, o conceito tradicional de pluralismo jurídico está a exigir uma revisão radical. Recentemente, Guy Rocher sugeriu um redirecionamento do conceito nos termos da passagem de uma perspectiva "legalista" para uma perspectiva "sociológica" do pluralismo jurídico.[83] Na minha visão, porém, tal redirecionamento não parece ser suficiente. Na realidade, se o que temos afirmado está efetivamente correto, um tal redimensionamento viria apenas a confirmar seja o clássico ponto de Carbonnier (segundo o qual "não há apenas um pluralismo, mas os fenômenos do pluralismo") seja a também clássica afirmação de Romano (segundo a qual toda ordem jurídica constitui uma "unidade"), evitando, portanto, a questão de uma síntese superior.

Por sua vez, Boaventura de Sousa Santos tem sugerido não apenas uma mera revisão do conceito mas uma "nova sociologia do direito ... presidida pelos conceitos de pluralismo jurídico, interlegalidade e do novo senso comum jurídico".[84] Segundo este autor, na realidade, o "pluralismo jurídico" indica simplesmente a "dispersão estrutural do direito" nas sociedades contemporâneas: uma dispersão estrutural que produz a "interlegalidade" e cria as condições para a emergência de um novo "senso comum jurídico".[85] Como se pode verificar, nesta explicação, o conceito não apenas perde centralidade, como parece indicar um mero fato social, reduzindo-se, em grande medida, o seu valor heurístico.

Minha proposta consistiria, antes, em desconstruir o uso ideológico do conceito no presente e em utilizá-lo de forma não instrumental — crítica e operativamente. Na minha opinião, na Europa contemporânea, apenas uma crítica da teoria e prática do pluralismo jurídico atual, de um lado, e somente uma utilização futura do conceito assentada na crítica e na orientação à ação, de outro, poderiam permitir um "engate operacional" socialmente mais adequado entre o direito, a sociedade e a sociologia jurídica.

83. Cf. G. Rocher, "Pour une sociologie des ordres juridiques", in *Les Cahiers de Droit*, op. cit.

84. Cf. B. Sousa Santos, "Droit: une carte de la lecture déformée. Pour une conception post-moderne du droit", in *Droit et Societé*, op. cit.

85. B. Sousa Santos, "Stato e diritto nella transizione post-moderna. Per un nuovo senso comune giuridico", in *Sociologia del diritto*, 3, 1990.

Capítulo 4

O PROCESSO DE GLOBALIZAÇÃO E A REFORMA DO ESTADO

ZULETA PUCEIRO

1. Introdução

A partir da segunda crise internacional do petróleo em 1979, sucessivos fenômenos de recessão, déficit fiscal, incremento dos níveis de desemprego, trasbordamento dos contextos tradicionais das políticas sociais e perda geral da competitividade internacional, provocaram uma crise global do Estado de Bem-estar. As formas da crise são tão diversas quanto as próprias expressões do Estado nacional e, apesar da incipiente bibliografia sobre o tema, parece prematura toda tentativa de síntese definitiva. Mudam os paradigmas e modelos de gestão pública impulsionados a partir do segundo pós-guerra; as alternativas de substituição são objeto de um debate ainda aberto. É importante, contudo, sublinhar a universalidade desse processo. Com impulsos de políticas do mais diverso cunho ideológico, as estruturas estatais atravessam uma etapa de questionamentos profundos. Desregulamentação e privatização passam a ser aspectos centrais de uma mudança global que envolve governos, ideologias e estilos de gestão administrativa com relativa autonomia em função das condições concretas de cada país.

As economias ocidentais protagonizam uma mudança acelerada da sociedade industrial de capitalismo industrial, organizada em torno do eixo capital/trabalho, em direção a uma sociedade pós-capitalista baseada na primazia da informação e do conhecimento. Essa mudança, por outro lado, representa a transição para uma economia global de acirrada concorrência e de incremento contínuo dos fluxos internacionais de bens e serviços, em ritmos inclusive muito superiores ao crescimento da população mundial. A expansão dos fluxos de capital, o deslocamento de unidades produtivas e a derrubada de fronteiras geográficas, econômicas, políticas e culturais delineiam com clareza um cenário futuro de incerteza e mudança. Os cenários sociais não são certamente tranquilizadores. A Europa chegou ao patamar de dezoito milhões de desempregados, dentro de uma tendência que, com intensidade menor, atinge também as economias norte-americana e japonesa. Há vinte anos, os seis membros originários do mercado comum destinavam cerca de 19% de seu PIB a encargos sociais. Durante os dez anos posteriores à crise de 1973, tal porcentagem elevou-se a algo em torno de 26%, destinados às contraprestações sociais — seguro-desemprego, aposentadorias e atenção às novas demandas sociais — necessárias às políticas de estabilização. A partir de 1983 começa um processo de refluxo, em função do qual atualmente a média dos Doze — 26,03% — é levemente inferior ao nível da década anterior. A palavra de ordem é taxativa: "Diante do declínio da produção e do aumento do desemprego, muitos governos permitiram que seus déficits orçamentários alcancem patamares insustentáveis e faz-se necessário adotar rapidamente medidas corretivas", reza o informe do FMI em sua recente Assembléia Anual.[1]

O cenário de reacomodação econômico-global que se iniciou há duas décadas acelerou-se a partir das transformações políticas derivadas da derrubada das experiências de "socialismo real" e da mudança estrutural nas condições e contexto da economia internacional. Neste horizonte, as relações entre Estado, economia e sociedade passaram a ser objeto de questionamento e debates profundos. Contudo, os pontos margens de consenso entre os analistas dessa nova situação são importantes e abarcam as mais diversas perspectivas ideológicas. Deixando de lado diferenças em outro tempo incompatíveis, a maior parte dos observadores coincide ao apontar a tendência no sentido de uma redefinição do setor público, enfatizando a busca de um novo tipo de combinação de esforços públicos e privados; uma formulação mais clara e precisa do Estado como mecanismo de regulação e controle e um reconhecimento dos processo de desregulamentação e privatização como ferramentas decisivas para a configuração de economias mais abertas e competitivas.[2]

1. Citado em "Cortar por lo sano", *in* Suplemento Especial do jornal espanhol *El País*, dedicado às transformações atuais dos gastos sociais na Europa Ocidental. Madrid, 17 de outubro de 1993, p. 3.

2. Para uma visão global do caso americano, cf. S. Rackerman, *Rethinking the progressive agenda. The reform of the american regulatory State*, N. York, The Free Press, 1993, part. pp. 147 e segs. Para uma análise das implicações institucionais, cf. C. Sunstein, *After the rights revolution. Reconceiving the regulatory State*, Cambridge, Mass., Harvard University Press, 1990, pp. 227 e segs. Para uma visão das orientações no campo da elaboração e implementação das novas políticas públicas, cf. J.-E. Lane, *The public sector. Concepts, models and approaches*, London, Sage, 1993, e D. Farnham e S. Horton, "The political economy of public sector change", in Farnham, D. e Horton, S. (Org.), *Managing the new public services*, London, Macmillan, pp. 3-26.

As novas democracias da América Latina são, naturalmente, parte desse processo. As transições políticas dos anos 80 produziram-se em contextos de severa crise econômica, desmentindo na maioria dos casos nacionais o preconceito teórico que estabelecia a correlação automática entre instabilidade econômica e autoritarismo. Nos anos 90, a administração governamental dos indispensáveis processos de ajuste estrutural viu-se acompanhada de mudanças profundas na cultura política dos países da região e na própria identidade programática e estruturas organizativas dos partidos tradicionais. A crítica a um Estado inchado e socialmente dominante há muito deixou de ser patrimônio exclusivo dos partidários da ortodoxia livre-empresarial e é hoje ponto central da oferta política de setores até pouco tempo identificados com a ampla hegemonia político-econômica do populismo no subcontinente.[3]

Os estudos comparados acerca desses processos de transição revelam uma alta capacidade de adaptação e resposta por parte dos partidos e movimentos sociais aos quais se atribuía limitações insuperáveis para assumir as responsabilidades da mudança. No momento de enfrentar as novas condições econômicas e políticas, uma boa parte dos partidos tradicionais latino-americanos conseguiu fazer executar com êxito processos de atualização interna profunda, indispensáveis para o restabelecimento de suas alianças sociais e políticas de base. As novas orientações estratégicas e programáticas puderam compatibilizar, com diferentes graus de eficiência segundo os países, os tempos das reformas econômicas com as exigências do ciclo político.

Na Argentina, as vitórias eleitorais do *justicialismo* em 1991, 1993 e 1994 ratificam as lições extraídas do triunfo radical em 1985. Em situações de grande incerteza, os apoios políticos se expressam em função direta da capacidade para garantir condições de governabilidade. Desta perspectiva, os custos políticos parecem recair especialmente sobre aqueles que postergam as reformas e não sobre aqueles que expressam convicção e conseqüência a respeito de suas exigências mais severas. Em todo o continente a estabilidade dos apoios políticos e sociais parece estar associada à aptidão para mostrar capacidade de controle e sentido de orientação na complexa agenda de transformações estruturais em curso. A dolorosa e contraditória experiência peruana oferece uma valiosa lição complementar no mesmo sentido, ao passo que a vitória

3. Para uma visão de conjunto, cf. L. C. Bresser Pereira, "Economic reforms and economic growth: efficiency and politics in Latin America", in Bresser Pereira, L.C., Marval, J.M. e Prezserworski, A. (org), *Economic reforms in new democracies. A social-democratic approach*, Cambridge, Cambridge University Press, 1993, pp. 15 e segs.

de Fernando Henrique Cardoso no Brasil, Frei no Chile e Sanguinetti no Uruguai asseguram a vigência da tendência exposta.

2. *As mudanças contextuais*

Qualquer análise do processo vivido pelas democracias emergentes da América Latina a partir dos anos 80 deve assumir como dado que a região não é uma realidade isolada no mundo. Trata-se de um espaço em que se reproduzem — como em outros momentos de nossa história recente — tendências mais vastas que em grande medida transcendem a própria vontade dos atores principais. Frente a visão ingênua — freqüentemente amplificada pela retórica política — de que as transformações são simplesmente frutos de novas convicções por parte das elites políticas e de sua valentia para levá-las adiante, impõe-se a evidência de que mudanças desse tipo verificam-se, com diferentes nuanças, na quase totalidade das economias do nosso tempo. Os programas de privatização refletem uma tendência mundial, ainda que possam variar seus objetivos específicos em cada país. Nos países da América Latina tais programas procuram recursos para atender aos serviços de uma dívida externa acumulada durante as décadas precedentes. Na Europa Ocidental tentam amortecer os efeitos do grave déficit fiscal ocasionado pelas estruturas do Estado Social. No Sudeste asiático por outro lado, busca-se atrair capitais internacionais necessários para a consecução de objetivos mais gerais de modernização.

Trata-se de um trânsito acelerado em direção a um novo quadro de relações entre Estado, sociedade e o mercado em que as mudanças culturais e as demandas sociais adiantaram-se às estratégias dos dirigentes. Em uma análise provocativa dos novos cenários do conflito, Sammuel Huntington sugere que a política mundial está ingressando numa nova fase na qual as fontes do conflito não serão tanto e principalmente econômicas ou ideológicas quanto culturais. Ainda que os Estados-Nação conservem o protagonismo central na arena internacional, as linhas de enfrentamento dividirão principalmente nações e grupos de diferentes civilizações.[4] Os conflitos

4. Cf. seu "El enfrentamiento de las civilizaciones ?", trad. espanhola de "Crash of Civilizations ?" (*Foreign Affairs*, novembro de 1993), publicada em *Agora, Cuadernos de Estudios Políticos*, Buenos Aires, no caderno de apresentação (1993), pp. 7-30, junto a artigos de discussão sob cuidado de Wallerstein, Kirkpatrick, Ajami, Mahbubani, Kvaternik e Russell.

entre príncipes ou monarcas — no período que vai desde a paz de Westfalia até a Revolução Francesa — ou entre Estados-nacionais — ao longo do século XIX até o final da Primeira Guerra — ou entre ideologias — durante os últimos setenta anos — darão lugar aos conflitos entre as mais diversas formas de civilização ocidental — confuciana, japonesa, hindu, islâmica, eslavo-ortodoxa, africana. Por mais discutíveis que possam ser alguns de seus pressupostos e conclusões, a tese de Huntington aponta a nova natureza dos conflitos em uma sociedade de complexidade e heterogeneidade crescente em que os protagonistas são realidades fundamentalmente novas.

Os problemas de administração e reforma do Estado ganham dimensões muito distintas das conhecidas. Muda, primeiramente, a própria noção de *setor público*. O tipo ideal em função do qual gira toda a teoria tradicional da Administração Pública estruturava-se em torno da idéia básica de uma distinção entre administração e política, segundo a qual os objetivos das instituições correspondem à política e sua execução a uma burocracia técnica especializada, treinada para o desenvolvimento de procedimentos objetivos e racionais. Os novos enfoques dão ênfase, ao contrário, à irrelevância da distinção entre administração e política ao caráter restrito e relativo da racionalidade administrativa e aos conflitos e bloqueios dos processos de decisão.[5]

Nesse novo marco da economia política da reforma estatal refletem as mudanças derivadas da cultura política geral e dos padrões fundamentais da competência. A possibilidade de maximizar oportunidades políticas parece não depender tanto da habilidade de diversos atores para antecipar ou gerar espaços para ação quanto da suas aptidões para compreender aquelas mudanças e demandas. Sob essas condições, a iniciativa e a liderança das reformas supõem não somente a capacidade de adaptação a essas mudanças irresistíveis, como, também, a destreza e preparo para a sobrevivência em um ambiente político crescentemente complexo. Pensar a reforma estatal implica, antes de tudo, pensar o novo contexto de valores e expectativas predominante nas democracias atuais. Um mundo novo exige — como previu Tocqueville — uma ciência política nova.

5. Para uma ampla discussão sobre as novas fronteiras da teoria da Administração no contexto de mudanças substanciais na noção de "público", ver J. E. Lane, *The public sector. Concepts, models and approaches*, op. cit., espec. cap. 1.

3. *Consolidação democrática e questão institucional*

Os anos de transformação têm sido em geral pouco propícios para a continuidade dos processos de consolidação democrática. A generalização de políticas de emergência condicionou novos estilos políticos, em detrimento dos esquemas de negociação política ensaiados com êxito nos processos de democratização levados a cabo pelas democracias ocidentais desde o segundo pós-guerra e que encontraram suas expressões mais acabadas nos pactos políticos que firmaram as transições do sul da Europa nos meados dos anos 70. No caso da América Latina, o normal tem sido uma política de adversários, marcada por um confronto permanente e pela afirmação da intransponível dicotomia amigo/inimigo. Durante as transições dos anos 80, as forças dotadas de competência foram em geral incapazes de firmar acordos substanciais em torno dos conteúdos e objetivos das reformas estruturais. Como resultado final impera uma desproporção evidente entre a profundidade dos avanços registrados no plano das reformas econômicas e a escassa qualidade dos ganhos em matéria político-institucional.

Em um sentido geral, o duplo processo de democratização política e liberalização econômica apresenta realizações importantes. No caso argentino, o advento inesperado de uma etapa de reforma constitucional capaz de institucionalizar as mudanças parciais produzidas durante os últimos dez anos abriu, a partir de 1994, uma possibilidade inédita de política consociativa. Ao fim de mais de meio século de confronto permanente, os principais partidos históricos da Argentina — justicialismo e radicalismo — lograram identificar um conjunto de pontos de acordo — o *Núcleo de Coincidências Básicas* — , substancialmente mais importante que suas diferenças atuais e potenciais. A consistência do acordo constituinte depende assim não tanto da vontade de seus gestores ocasionais ou do método escolhido para garanti-lo — o pacto de cúpulas ratificado através do Parlamento — mas de uma verdadeira decantação da agenda de questões que o país tinha pendentes desde o começo da transição.

A primeira questão que logo se coloca refere-se à singularidade da experiência. Neste ponto, o interesse dos protagonistas em acentuar a novidade radical do programa reformista deve ceder frente a grande evidência comparada sobre o ponto. A necessidade das reformas constitucionais contemporâneas — desde as do pós-guerra europeu até as mais recentes dos países do Mediterrâneo, da Europa Ocidental ou da América Latina — não surgiu tanto das conjunturas políticas quanto da exigência estrutural de moderar as tendências centrífugas próprias de sistemas submetidos a níveis crescentes de competência. Desse ponto de vista, os acordos constituintes permitiram a democracias instáveis e em transição a estruturação de três níveis de questões políticas, diferenciados em seu conteúdo e no tipo de relação que os partidos estabelecem para seu tratamento. O primeiro nível refere-se às *questões de Estado* — objeto de pactos políticos como os de Moncloa, Punto Fijo ou Olivos. O segundo nível é o das *questões de governo*, objeto de acordos e desacordos variantes conforme a lógica parlamentar. O terceiro nível é, finalmente, o das *questões de partido*, terreno em que o conflito é sadio e necessário.

Por seu conteúdo, as reformas constitucionais situam-se no primeiro dos níveis propostos: só podem ser enfrentadas mediante acordos que transcendam o jogo governo/oposição próprio do segundo dos níveis ou a luta pela diferenciação e da maximização de oportunidades políticas própria do terceiro nível. Na Argentina posterior ao aparecimento do peronismo, a questão da reeleição presidencial quebrou toda a possibilidade de estabelecer uma distinção básica entre todos os processos bem-sucedidos de consolidação democrática.

A confusão desses níveis impediu até agora em muitos países da região, a consolidação das conquistas políticas e econômicas conseguidas na última década. Âmbitos como as políticas de estabilização, reforma do Estado, privatizações, desregulamentação, reforma trabalhista ou previdenciária só podem projetar-se no tempo quando deixam de ser objeto de confrontação permanente e passam a ser objeto de acordos que transcendem a necessidade lógica de diferenciação entre partidos. A longa crise econômica dos anos 80 lança nesse sentido lições fundamentais.

No momento de implementar legislativamente suas reformas constitucionais, os países do continente contam com amplo espectro de possibilidades definidos a partir de três modelos fundamentais. O primeiro é expressado pela Constituição de 1853-60, representativo da tradição anglo-americana e baseado na idéia de Constituição como "framework of government", destinado a fixar certos princípios e regras muito gerais, deixando aberta a possibilidade de desenvolvimentos adaptativos graduais, com amplas margens para o jogo dos poderes públicos. O segundo modelo é o que responde à tradição européia continental do "Rechtstaat", segundo o qual a constituição é um super código detalhado que procura abarcar com maior grau de detalhe possível a estrutura dos poderes e procedimentos que regulam sua relação com uma sociedade cada vez mais complexa e dinâmica. O terceiro modelo é o das constituições das novas democracias em transição.[6]

6. Os mais recentes exemplos na América Latina são os do Brasil, da Colômbia e do Paraguai.

São construções eminentemente práticas, de alto conteúdo retórico, cuja significação básica é de engendrar pontos de encontro entre forças políticas desestruturadas e irremediavelmente opostas, sem possibilidades certas de implementação na prática.

Em seu conjunto, o ciclo reformador deve ser visto como uma síntese entre tradição e inovação.[7] Em geral, a América Latina parece seguir um padrão de integração que tem, por um lado, a maior parte das inovações produzidas pelo constitucionalismo europeu do pós-guerra — basicamente o controle concentrado de constitucionalidade, a reorganização dos poderes judiciais via conselhos superiores da magistratura, a consagração de uma ampla gama de novos direitos fundamentais de "terceira geração" e soluções específicas e locais aos problemas étnicos, lingüísticos ou culturais e, por outro lado, as características tradicionais da tradição constitucional hispano-americana. Deixando à parte diferenças por vezes essenciais, as novas constituições implicam um reforço apenas atenuado do modelo presidencialista. O quadro geral é de um presidente eleito por voto direto — em maioria simples ou absoluta em dois turnos — e, com as exceções da Nicarágua e Paraguai, não reelegível. O novo Executivo vê acrescentadas suas faculdades de intervenção no processo legislativo, numa tensão não resolvida com um Legislativo unicameral ou bicameral eleito a partir de sistemas de representação proporcional de forma diversa.

No caso argentino, completada a fase propriamente constituinte com a sanção do novo texto, tem início um processo de implementação de reformas em que a política de pactos deverá transcender forçosamente seus limites originários. A Assembléia Constituinte enfrentou uma ampla agenda de discussões, ainda que delimitada quanto aos seus conteúdos políticos pela existência de um Núcleo de Coincidências Básicas e salvaguardas institucionais previstas no art. 5º da lei 24.309. O âmbito dos debates foi, contudo, mais amplo. Apesar dos termos estritos do ato convocatório da Assembléia, os constituintes não hesitaram em abordar três zonas abertas ao conflito e à negociação. Em primeiro lugar, o desenvolvimento detalhado das propostas incluídas no Núcleo de Coincidências. Em segundo lugar, os temas simplesmente habilitados para sua discussão na Assembléia sem acordo prévio entre o governo e a primeira oposição. Em terceiro lugar, a inevitável proposição de questões políticas extraconstitucionais de

7. Para uma visão global, cf. L. López Guerra e L. Aguiar (org.), *Las Constituciones de Iberoamérica*, Madrid, Centro de Estudios Constitucionales, 1992, e *El Constitucionalismo en las postrimerías del siglo XX. Las Constituciones latinoamericanas*, México, UNAM, 1988.

difícil sustentação — entre elas, a polêmica extensão do atual mandato presidencial para depois de julho de 1995 ou o eventual trasbordamento da Assembléia a matérias de ordem provincial (estadual) tais como a reeleição dos governadores e o regime de eleição dos senadores nacionais.

Daí a sensação de incerteza com que, como no resto dos países que efetuaram reformas desse tipo, uma boa parte dos setores econômicos seguiram o processo constituinte. A razão é óbvia e já a indicava em 1862 Ferdinand Lasalle — o então mais ativo dos constitucionalistas da época em que nasceram as constituições hispano-americanas: "Os problemas constitucionais não são, primariamente, problemas de *Direito* e sim de *poder*. A verdadeira constituição de um país só reside nos fatores reais e efetivos de poder que a este país regem. As constituições escritas não têm valor nem são duradouras senão quando dão expressão fiel aos fatores de poder imperantes na realidade social".[8] Discutir a Constituição é discutir, com efeito, as bases profundas da organização estatal e política. A importância do processo não pode minimizar-se. Nos últimos dez anos os países da região viveram uma espécie de *mutação constitucional* ao fim da qual, sem que a letra e o espírito da Constituição de 1853 tenham-se modificado, produziram-se profundas transformações na distribuição do poder, nos mecanismos institucionais, nos processos decisórios e na orientação geral da política e da economia. Em categorias do próprio Lasalle, a *constituição real* pressiona mudanças na *constituição escrita*. O problema está em qual seja a natureza, os alcances e métodos para tais mudanças.

Isso volta a propugnar a necessidade de contar com uma agenda temática o mais precisa e fundamentada possível. A reforma constitucional não foi até agora um terreno fértil para o acordo e o caso do Brasil constitui um exemplo eloqüente, a propósito. Muito pelo contrário, o traço dominante parece ser, na verdade, uma certa tendência à afirmação dogmática de posições individuais e excludentes em matérias em que o panorama comparado é, em geral, objeto de análises técnicas e empíricas rigorosas e de políticas de reforma necessariamente de consenso. Em geral os intentos, sempre fracassados, de acordo giraram ao redor de propostas formuladas de cima para baixo perante as quais se reclamava adesão incondicional. A história se repete ciclicamente: uma vez que o desafiado se nega ao jogo proposto, a intenção fracassa e cada um volta a refugiar-se em seu próprio fundamentalismo.

8. Cf. F. Lasalle, *Qué es una Constitución?*, trad. de W. Roces, Buenos Aires, Siglo Veinte, 1964, p. 92.

As maiores dificuldades surgem, contudo, do contraste das expectativas dos dirigentes e das expectativas da sociedade. Trata-se de um fenômeno não circunscrito ao caso argentino exclusivamente. Forma parte especial — para de algum modo dizê-lo — da paisagem natural das democracias contemporâneas. A lógica constitutiva dos processos intrapartidários é diferente da lógica própria dos processos de formação da opinião e atitudes públicas. No interior dos partidos dirigentes e militantes lutam pela conquista e defesa de espaços de poder e seus padrões de competência respondem aos parâmetros da luta explícita pelo poder. No exterior, o *big bang* das comunicações modernas condiciona níveis crescentes de abertura e exposição a meios massivos que, por sua vez, multiplicam-se em quantidade, diversidade e qualidade. Encerrado dentro dos limites da competência interna, um dirigente mediano está muito longe de contar com o grau de informação no que diz respeito a problemas cotidianos que tem um habitante também mediano das grandes cidades.

O fenômeno não é novo. Os partidos enfrentam, com efeito, uma agenda de muito difícil administração. Seu principal trunfo — a idéia de estabilidade econômica para o governo ou a idéia de democracia para a oposição — parece ceder em importância frente a uma agenda nitidamente social na qual, ao contrário de 1991 e 1993, já não importam tanto os grandes enunciados quanto o caráter localizado e circunstancial dos problemas a que se referem. Mais do que do trabalho, saúde e educação em sentido genérico, trata-se das formas como esses problemas surgem na circunstância individual e quotidiana de cada cidadão. O dito popular americano que diz que toda política é, no fundo, política local — *all politics is local politics* — ganha máxima significação e deixa em situação mais que comprometida os mecanismos tradicionais de ação partidária.

Na conjuntura de um império hegemônico de meios de comunicação, as novas democracias do continente revelaram uma cultura política híbrida em que se mesclam elementos tradicionais e inovadores.[9] Resta esse individualismo racionalista, egoísta e mesmo inseguro que há décadas levou Ortega a falar do argentino como "um homem na defensiva". Acrescenta-se um duplo discurso que exige diálogos e acordos ecumênicos ao mesmo tempo em que suspeita, de modo sistemático, de qualquer tentativa de negociação ou con-

9. Para uma visão geral do tema, cf. F. Calderon e Mario R. dos Santos, *Sociedades sin atajos. Cultura política e reestructuración económica en América Latina*, Buenos Aires, Paidós, 1995.

ciliação de interesses diversos. Acusa o governo por suas ambições hegemônicas ao mesmo tempo em que dele exige firmeza ante qualquer tentativa de acordo com a oposição. Desta, por sua vez, exige flexibilidade e, concomitantemente, frente à realidade de acordos maiores como o pacto constituinte, critica a perda de seu perfil opositor. Na verdade, o que se oculta por trás desse jogo do duplo é a aspiração de que os políticos continuem sendo por muito tempo um conjunto de facções em constante enfrentamento, mutuamente neutralizadas e carentes, portanto, de qualquer capacidade de veto ou negociação social.

Ainda que os dirigentes prefiram uma discussão puramente institucional, reduzida aos limites estritos da temática constitucional, a sociedade, por outro lado, extrapola essa pretensão e adjudica desde o início da reforma constitucional o caráter de um novo cenário para pleitear e suprir necessidades há muito adiadas.

Se a opção é pela exclusão da proposta algo forçada do semi-presidencialismo — rechaçado no Brasil e em parte consagrado na Argentina —, o resto das propostas que forma parte do novo ciclo constituinte na América Latina aponta um sistema que tende a reforçar o equilíbrio dos poderes. Define melhor suas competências, outorga maior transparência a seus procedimentos, gera instâncias de controle e propõe caminhos institucionais razoáveis e avalizadas pela experiência comparada para disciplinar a realidade inevitável dos poderes de emergência econômica-comum, por outro lado, com qualquer democracia avançada. Ao menos em sua intenção originária, a reforma aponta a instauração de formas institucionais mais modernas e eficientes, potencialmente aptas para atenuar algumas das principais disfuncionalidades do esquema institucional vigente. A pergunta que fica inevitavelmente definida é a dos vínculos possíveis dessa nova institucionalidade formal com as tendências evolutivas efetivas de sociedades profundamente afetadas pelos traumas derivados da crise econômica prolongada.

Na medida em que se pode atenuar as conseqüências do confronto permanente entre os setores políticos, a reforma é vista como um avanço positivo. Ninguém duvida, porém, de que há questões prioritárias, de importância essencial para a vida pessoal e coletiva. A aceitação paciente do furor reformista dos dirigentes está condicionada à continuação de tal furor com algo neutro ou ao menos não excessivamente negativo para as expectativas de solução imediata das demandas sociais e econômicas mais agudas. Qualquer percepção coletiva no sentido contrário gerará rejeições imediatas e eleitoralmente contundentes.

4. A administração das reformas

A imagem de um Estado que excede sua capacidade de resposta à sobrecarga crescente de demandas de um sociedade cada vez mais dinâmica e complexa é, hoje, um dado compartilhado pelas mais diversas óticas ideológicas.[10] Por outro lado, no plano político, as características mesmas do processo de mudança tenderam a incentivar atitudes mais adaptativas que *proativas*, determinando um esgotamento das atitudes e discursos maximalistas. Mais por necessidade do que por virtude, o processo de reforma estatal terminou por ser, antes de tudo, um processo político em que o Estado não é pensado como abstração conceptual ou modelo institucional e sim como uma "formação histórica" material e concreta. O protagonista real das mudanças não é a construção ideológica pensada pelos críticos do estatismo ou pelos cultivadores nostálgicos de um Estado Protetor. É o aparato estatal recebido, produto de uma história de forte intervenção social e política, distorcido em seus mecanismos básicos de funcionamento por uma longa tradição clientelista e autoritária. O modelo a transformar é, antes de tudo, o de um Estado ineficiente como produtor, regressivo e desigual como distribuidor, árbitro interessado e tendencioso de disputas intersetoriais e interrupções constantes da legalidade constitucional. Um tipo de "absolutismo ineficaz",[11] revelador da debilidade de uma sociedade corporativizada, incapaz de cumprir sua função de mediação social e administração da complexidade.

As mudanças iniciadas nos anos 80, aceleradas a partir dos ensaios de estabilização econômica implementados a partir dos 90, introduzem a América Latina num processo de transformações profundas, produto de sua inserção crescente em seus grandes fluxos culturais, sociais, econômicos e políticos da sociedade internacional do fim do

10. Para uma visão de conjunto sobre as transformações ideológicas induzidas pelas mudanças do papel do Estado, cf. especialmente A. Guerra, A. Caballero, e J. F. Terrazos (Org.), *La socialdemocracia ente la economía de los años noventa*, Madrid, Editorial Sistemas, 1994; W. Merkel (Org.), *Entre la modernidad y el postmaterialismo. La socialdemocracia europea a finales del siglo XX*, Madrid, Alianza Universidad, 1994. Sobre o debate ideológico da esquerda européia, cf. J. Picó, *Teorias sobre el Estado de Bienestar*, Madrid, Siglo XXI, 1987 e, especialmente, J. Habermas, "Que significa el socialismo hoy? La revolución restauradora y la necesidad de una revisión desde la izquierda", in *Punto de Vista* 41, pp. 3-14, 1991. Para uma apreciação de conjunto de inigualável claridade, cf. N. Bobbio, *Destra e sinistra. Ragioni e significati di una distinzione politica*, Roma, Donzelli Editore, 1994.

11. A expressão recolhe o sentido que lhe é outorgado por Revel, J-F, *L'absolutisme inefficace. Ou contre le presidentialisme à la française*, Paris, Plon, 1992.

século. Trata-se de um conjunto complexo de mudanças com previsíveis marchas e contramarchas cuja continuidade nos resultados dependerá fundamentalmente da convicção e do esforço empenhados por todos os atores na mudança das estruturas herdadas.

O ajuste estabilizador e as reformas estruturais são uma tendência geral na realidade atual, verificada nas sociedades e economias mais diversas. O componente de originalidade está dado, na realidade, pelos modos de implementação dessas políticas, que alcançaram bons níveis de eficácia técnica e viabilidade política por sua adequação às singulares condições do país. Entretanto, o que o novo ciclo por que atravessa a região tem de próprio e singular o modo como a sociedade e seus dirigentes assumiram e protagonizaram essa mudança decorrente das novas necessidades. A memória coletiva de uma longa série de frustrações e a persuasão de que não existem alternativas viáveis impôs novas quotas de realismo e adaptação que explicam o consenso social alcançado por políticas que, em outro tempo e sob diferentes circunstâncias, teriam sido objeto de debates muito mais intensos.

Isso se explica pela própria índole das condições que haveria de remontar. As políticas de ajuste e as reformas estruturais costumam ser vistas como parte de um mesmo processo, ainda que, de fato, apresentem diferenças importantes cuja análise permite entender que o acordo e a convergência tenham prevalecido sobre a esperada divergência e confronto de interesses.[12]

As políticas de ajuste são, antes de tudo, reações quase desesperadas frente a uma situação econômica e socialmente insustentável. Trata-se de deter a qualquer custo processos hiperinflacionários que transbordem as possibilidades dos instrumentos ordinários de intervenção pública na economia, acarretando inclusive riscos certos de confrontos sociais ou crises políticas. O ajuste é essencialmente um choque sobre as expectativas econômicas orientado para congelar as variáveis fundamentais da economia. Implica o emprego intensivo de faculdades extraordinárias, muitas vezes agressivas à ortodoxia legal e institucional. Ainda que a reação dos partidos e setores de interesse possa ser abertamente contrária, a decisão estabilizadora costuma contar com o consenso inicial da população e um acordo implícito e não confesso dos setores políticos ou

12. Para um maior aprofundamento, Zuleta Puceiro, *Modelos de partidos políticos y transformaciones socio-culturales*, op. cit. pp. 23 e 24. No mesmo sentido, Naim, M, in *Journal of Democracy*, vol. 5, Num. 4, pp. 32 e segs.

sociais com algum grau de responsabilidade no governo e na oposição. Afetam a sociedade em seu conjunto e ninguém pode sentir-se particularmente atingido por prejuízos diferenciais. O fato de que não haja ganhadores ou perdedores explícitos explica a importante dose de apoio. A transitoriedade dos primeiros resultados explica que o pacote estabilizador conte com margens importantes para a negociação social. Os congelamentos de preços e salários, as mudanças na moeda ou os regimes econômicos de emergência constituem exemplos habituais desse tipo de políticas.

As políticas de reforma estrutural são essencialmente diferentes. Procuram introduzir mudanças definitivas na estrutura econômica e social. Implicam, por isso, processos mais amplos e possivelmente irreversíveis nos mapas sociais e na distribuição do poder. Mais do que uma reação perante um perigo comum, trata-se de uma ação deliberada e estrategicamente fundada. Exigem, portanto, o emprego de mecanismos de negociação que transcendam o irremediável conflito de ganhadores e perdedores. Afetam — e beneficiam — alguns e em algo que pode ser essencial para sua própria sobrevivência. As políticas de privatização, desregulação e abertura da economia constituem exemplos claros deste segundo tipo de iniciativas.

A gestão política dos processos de ajuste e estabilização determinam, assim, desafios inéditos às organizações partidárias. As necessidades acarretadas pela crise impõem-se sobre postulados programáticos, considerações estratégicas ou táticas e ainda sobre posições de conveniência pessoal. A mudança introduz assim uma verdadeira mutação, definida pelo protagonismo central de uma opinião pública que impõe condições das quais não se pode fugir aos dirigentes. Neste ponto, a experiência argentina tampouco é muito diferente do restante das experiências comparadas.

As respostas, contudo, nem sempre estão ao alcance dos atores com capacidade de decisão. A transição vê-se assim pressionada por uma tensão essencial entre duas lógicas opostas: a que expressa as tendências em direção à liberalização política e a que surge das condições de emergência exigidas pelo objetivo estabilizador.[13]

A liberalização política é regida pela necessidade de afirmar certos princípios reguladores, procedimentos e mecanismos de decisão da democracia. Como promessa de institucionalização do conflito, implica exigências de participação ampla, descentralização das deci-

13. Para maior profundidade, cf. J. C. Torre: "The politics of economic crisis in Latin America", in *Journal of Democracy*, vol. 4, Num. 1, pp. 104 e segs, 1993.

sões, vigência dos pesos e contrapesos da organização republicana: divisão de poderes, liberdades fundamentais, direitos políticos e sociais, devido processo formal e substancial, transparência e controle *ex ante* das decisões. A lógica da liberalização política privilegia a negociação, os acordos sociais e o pacto político. Avança sobre a base de consensos graduais e efetivos. Aponta, sobretudo, uma legitimação *através dos procedimentos.*[14] O Congresso e, em geral, os corpos deliberativos ocupam um espaço central. No plano político, a liberalização implica um reconhecimento amplo das forças minoritárias e a articulação de um sistema de partidos em que o confronto bipolar entre as forças minoritárias vê-se atenuado pela presença de forças menores e organizações sociais com capacidade de negociação e veto sobre as decisões fundamentais. Em termos de modelos de partidos, as experiências de liberalização apontam um pluralismo moderado, em que a competência bipolar dos grandes partidos vê-se amortecida pela presença de formações políticas menores atraídas por oportunidades efetivas de participação.

A lógica própria da emergência[15] procura, por sua vez, gerar condições de governabilidade perante processos que extrapolam a capacidade decisional do sistema político. Implica uma concentração substancial de faculdades do Poder Executivo e a ampliação das margens naturais de discricionariedade administrativa. Nas etapas de emergência, impera o segredo nas decisões, a extensão da "zona de reserva" da Administração e um esforço para relativizar o mecanismo de limitação mútua entre os poderes do Estado. Trata-se de uma lógica vertical e escassamente participativa. A legislação delegada, os decretos de necessidade e urgência e as medidas provisórias são, assim, instrumentos básicos de uma política que busca quebrar a inércia inflacionária através de um estilo baseado em uma generalização das condições indispensáveis dos poderes de emergência teorizados já em seu tempo por Alexander Hamilton: "decision, activity, secrecy and dispatch".

Não é de se estranhar, então, que, em condições como as que regem os processos de ajuste estabilizador, o resultado final seja a já

14. Sobre o tema, consultar N. Luhman, *Ausdifferenzierung des Rechts. Beitrage zur Rechtssoziologie und Rechtstheorie*, Frankfurt, Suhrkamp Verlag, 1981, especialmente caps. 4-6.

15. Mais amplamente, cf. J. C. Torre, "América Latina: o governo da democracia em tempos difíceis" e Gourevtch, P., "A política do ajuste econômico: restrições e oportunidades", ambos no volume coletivo compilado por L. Sola, (Org.*), Estado, mercado de democracia. Política e economia comparadas*. São Paulo, Paz e Terra, 1933, caps. 5 e 14.

mencionada desproporção entre a qualidade dos resultados obtidos no campo da economia e a dos obtidos no campo estritamente político. O que cabe perguntar é até que ponto a lógica da democratização resulta necessariamente contraditória com a lógica da emergência ou, em outros termos, se o desenvolvimento de estratégias bem-sucedidas de ajuste e estabilização requer forçosamente condições de autoritarismo político que façam possíveis uma acumulação excepcional de faculdades decisórias.

Um olhar sobre o panorama comparado das transições revela que o conflito entre as duas lógicas expostas não conduz necessariamente a processos como os vividos nas novas democracias da América Latina. As transições desenvolvidas na América do Sul em meados dos anos 70 souberam conciliar políticas de estabilização com estratégias de acordos sociais e políticos que preservaram o sistema político de situações traumáticas como as vividas por nossos países nos anos 80 e 90. O Pacto de Moncloa surge como um instrumento de arbitragem que impede a existência de completos ganhadores e perdedores. Protege, por assim dizer, sob uma rede de segurança pública os interesses tanto do governo como da oposição. Os governos puderam então ampliar em profundidade os recursos institucionais capazes de afrontar a estabilização, contando com o apoio das oposições. O Pacto protegeu a uns e outros dos custos políticos de iniciativas de reforma objetivamente inevitáveis para a consolidação do sistema democrático.

5. A experiência argentina: entre o modelo e as realidades

O debate acerca das razões da crise do Estado e das vias para sua solução surge na Argentina a partir de visões não distantes das duas explicações de uso generalizado no resto do continente. Para uma primeira posição, as causas principais remetem basicamente aos excessos de intervencionismo estatal expressado através do protecionismo, da hiper-regulação e crescimento do aparato estatal. Tais fenômenos são vistos como derivação das premissas keynesianas das políticas implementadas pelo populismo, contrárias aos princípios de equilíbrio monetário e fiscal. Sua proposta passa, por conseqüência, por um rechaço das tais orientações de política econômica e pela colocação em marcha de estratégias estabilizadoras baseadas em medidas de choque contra as principais manifestações do fenômeno inflacionário e em medidas de maior vigor, orientadas para as reformas estruturais e para a liberalização geral da economia.[16] O modelo de Estado que postula essa primeira visão restringe sua função ao desenvolvimento daquilo que denomina "funções essenciais": institucionais, políticas, de segurança e de proteção social.

Para a segunda posição, ao contrário, as causas da crise não estariam tanto nas premissas de base quanto nos transbordamentos do populismo durante os processos de implementação. Deste ponto de vista, frisa-se a necessidade de criar condições de crescimento, não deriváveis automaticamente do simples marchar dos programas antiinflacionários. Mais além que as receitas ortodoxas, propõe a implementação de políticas ativas de geração de poupanças e promoção de renda. O Estado, além das funções essenciais, deve assumir um papel economicamente ativo, baseado em estratégias seletivas orientadas para o desenvolvimento industrial, melhoramento das condições de intercâmbio e para a promoção de exportações.[17]

A discussão permanece aberta e o debate é ainda insuficiente. As urgências políticas e a própria gravidade objetiva da crise a conspirar explicam em boa medida a suspensão prematura de uma indispensável discussão de fundo. No plano do discurso, as políticas econômicas dominantes adotam o primeiro ponto de vista. No plano das concreções se impõe, por outro lado, uma visão mais pragmática, com vistas aos condicionamentos e dificuldades objetivas dos processos de reforma.

O caso argentino oferece uma valiosa experiência de referência. No final dos anos 80, a Argentina registrava 236 empresas públicas, entidades financeiras e de seguros das quais o Estado tinha propriedade total ou majoritária; destas, 70 eram nacionais, 4 binacionais e 162 provinciais ou municipais. Sua participação no total do gasto público, em termos percentuais do PIB, manteve uma tendência clara-

16. Estereotipada na literatura crítica sob a designação de "Washington Consensus" e retirada da conhecida exposição de J. Williamson, "What Washington means by policy reform", in Williamson, J. (Org.) *Latin American adjustement: How much has happened?*, Washington, Institute for International Economics, 1990. A posição exposta se nutre da influência entre amplos setores dos economistas da região dos desenvolvimentos emanados das agências multilaterais e das posições em torno dos condicionamentos das políticas de ajuste.

17. As fontes doutrinárias desta posição remetem naturalmente à persistência de enfoques derivados de certos aspectos da teoria da dependência — despojada de seu enfoque estruturalista — a teoria da deterioração crônica dos termos do intercâmbio e as teorias do desenvolvimento, com vasto prestígio tradicional nos círculos acadêmicos da região. Para um exemplo atual, cf. A.E. Calcagno, *El Estado en los países desarollados. La acción pública en Alemania, Estados Unidos, Francia y Japón: enseñanzas para America Latina*, Santiago de Chile, CEPAL/ILPES, 1993.

mente crescente: 11,90 em 1970, 16,90 em 1975, 15,96 em 1980 e 20.8% em 1985, chegando a 23,90 em 1988. O déficit fiscal aumentou de 4,99 em 1980 a 20,8% do PIB em 1989 e foi financiado durante o período em 17,4% com uso de crédito e em 82,6% com emissão de títulos do Banco Central.[18] As taxas de inflação mantiveram-se por décadas constantemente altas e aumentando: 347,5 em 1976, 688,0 em 1984, chegando em 1989 a 4.923,6%.[19]

A relação entre déficit fiscal, gasto quase-fiscal e ritmo de inflação mostra claramente a "natureza impositiva" do recurso inflacionário para esse período no país. De fato, foi o mais regressivo, antidemocrático e "insonegável" dos impostos. Através desse mecanismo um aparato estatal colonizado por grupos de interesse apropriava-se do ingresso do conjunto da sociedade paralisando toda iniciativa de crescimento efetivo. Os mecanismos de destinação do gasto público delineados durante esta larga etapa foram de uma complexidade notável.

O programa de reforma do Estado encarado pelo governo Menem implica uma continuidade efetiva dos esforços iniciais ensaiados entre 1985 e 1989 no contexto das políticas de reforma estrutural do governo anterior. A conformação de uma coalizão política nova, articulada a partir da maioria própria do justicialismo no Senado e da maioria pactuada com as forças provinciais de centro-direita na Câmara dos Deputados permitiu o desenvolvimento de um estratégia de perfis mais claros e de eficiência comparativamente maior que as do resto das alternativas postas em marcha na maior parte dos países do continente.

O desenho institucional básico da reforma estatal tem por eixo programático o conteúdo de duas leis-parâmetro aprovadas pelo Congresso durante o período de transição que se estende entre o começo do novo período presidencial em julho de 1989 e a nova conformação do Congresso em dezembro do mesmo ano: a lei 23.697 de Emergência Econômica e a lei 23.696 de Reforma do Estado. A primeira suspende ou elimina grande parte dos mecanismos automáticos ou indiretos de transferência de entrada: subsídios, tarifas especiais, preços diferenciais, subvenções, regimes promocionais ou protetivos que afetam direta ou indiretamente os recursos do Estado Nacional, Banco

18. Fundación de Investigaciones Econômicas Latinoamericanas (FIEL), *El gasto público en Argentina*, Buenos Aires, 1991.

19. Ministerio de Economia, Obras y Servicios Públicos; *Argentina: a country for Investment and Growth*, Buenos Aires, 1993.

Central da República Argentina e empresas do Estado e estabelece um sistema de compensações de dívidas entre empresas estatais e entre estas e credores privados. A segunda estabelece as bases jurídicas do profundo processo de mudança estrutural no aparato do Estado. Consagra uma situação de emergência administrativa que alcança a prestação dos serviços públicos, a execução dos contratos administrativos e abre um processo de reajuste das finanças públicas. Ao mesmo tempo, estabelece o contexto legal e técnico de um processo de privatização e desregulação ampla do setor público.

A reforma registra ao menos três etapas diferenciadas. A primeira — 1989/1990 — concentrou-se em operações de grande conteúdo simbólico, orientadas para dar "sinais" aos mercados internos e externos no que diz respeito ao grau de convicção com que o novo governo assumia a necessidade do programa de transformações: a venda de 60% do capital da Entel (Telefonia) e de 85% das Aerolíneas Argentinas a consórcios operados pelas empresas públicas espanholas e por bancos credores externos no "*swap*" de seus haveres em títulos de dívida externa — quotados então a patamares inferiores a 15% de seu valor nominal — por "*equities*" nas novas empresas. As operações implicavam em dar continuidade às opções estratégicas traçadas pelo governo Alfonsín e, ao mesmo tempo, desbloquear a estagnação produzida precisamente nessas duas áreas pela oposição do justicialismo no Congresso antes de seu triunfo em 1989. Nesta etapa, as reformas estruturais procuraram sobretudo reforçar o processo paralelo de choque antiinflacionário e a estabilização monetária e fiscal, dentro de um contexto em que ainda persistia uma marcada instabilidade macroeconômica. A memória histórica de planos antiinflacionários que fracassaram pela falta de continuidade e pela carência de perspectivas estruturais maiores era um primeiro obstáculo a vencer e as primeiras privatizações tiveram a marca da excepcionalidade que explica, ao menos em parte, a provisoriedade e os erros de alguns de seus mecanismos essenciais.

A segunda etapa produz-se no marco da nova política de convertibilidade iniciada no começo de 1991. Nessa fase, o objetivo declarado de acelerar o processo de reforma estrutural do aparato do Estado implementa-se com o critério de rápida venda de ativos públicos na busca de recursos em espécie. A venda de áreas petroleiras primárias e secundárias e a disposição pública das ações da *Telefónica de Argentina* e *Telecon* (sucessoras privatizadas da Entel) permitiram o superávit operativo indispensável para a viabilidade dos postulados fiscais do modelo de convertibilidade monetária adotado.

A terceira etapa se produz já num contexto em que o domínio da situação fiscal permitia avançar para objetivos estratégicos de saneamento fiscal de largo alcance, no tempo em que se contemplavam objetivos próprios do processo de reforma estatal: estabelecimento de marcos regulatórios adequados, asseguramento de condições de maior competência relativa, defesa dos usuários quanto às conseqüências de situações de monopólio natural e reforço de compromissos de inversão a médio e longo prazo. A adjudicação caso a caso a grupos integrados por operadores internacionais procurou melhorar as condições das privatizações anteriores e, ao mesmo tempo, outorgar maiores garantias de continuidade e futuro para serviços internacionalmente considerados como essenciais e de responsabilidade basicamente pública.

O avanço do processo de reforma estatal teve como meta desde o princípio a estabilização da economia: ajuste estabilizador e reforma estrutural procuraram uma sinergia de consolidação mútua. Isto explica que há pouco, em 1991, com a avalização da política estabilizadora através da Lei de Convertibilidade, o processo privatizador pudera chegar a produzir seus resultados mais importantes em áreas de serviços em que, alguns anos atrás, teria sido impensável o concurso com o setor privado: petróleo, eletricidade, gás, água potável, saneamentos, correios, etc. Na década anterior, entre 1980 e 1990, o Tesouro Nacional havia transferido às dez principais empresas públicas 22,428 milhões de dólares para que estas pudessem suprir as prestações essenciais. Esse conjunto de empresas arrecadava então só o equivalente a 63% de seus gastos, com os quais arrastavam um déficit de 37%, suportado integral e permanentemente pelo Tesouro.[20]

O estudo da vinculação entre as decisões políticas e o contexto que as emoldura e condiciona é hoje objeto de especial atenção. Na Argentina de 1989, o governo recém-empossado devia remontar um quadro geral de expectativas adversas. Impunha-se a necessidade de um choque de confiança capaz de reverter o clima geral de suspeita e hostilidade agravado pelas condições próprias da tradição presidencial. O triunfo "justicialista" se havia produzido ao cabo de eleições em que se havia imposto um discurso eleitoral de traços tradicionais, percebido por muitos como demasiado distante do tipo de exigências que as circunstâncias impunham. O início do processo não careceu de obstáculos e resistências. As condições mesmas em que se fez a transferência do cargo presidencial — adiantando em seis meses a data constitucionalmente fixada para a transição em função da pressão

20. Subsecretaría de Privatizaciones, Ministério de Economía, Obras y Servicios Públicos, *Informe sobre Privatizaciones*, Buenos Aires, 1993.

derivada da escalada hiperinflacionária — não foram propícias para o relacionamento entre o novo governo e o principal partido de oposição. Em um contexto de emergência agravado pelo enfrentamento entre maioria e oposição, o delineamento de políticas de consenso foi virtualmente impossível. O Estado de Emergência deve ser visto, então, como uma realidade emergente tanto do contexto de necessidades objetivas de governabilidade, quanto da própria impotência das forças políticas para lograr formas de legitimação substancial das respostas que as mesmas impunham.

Situados já praticamente no final do processo de privatização, boa parte da discussão acerca do papel do Estado na administração dos serviços ficou para trás. Surgem certamente novos problemas, vinculados ao futuro da regulação e controle no contexto de uma nova relação entre o Estado e a sociedade. A prestação privatizada dos serviços públicos delineia uma série de riscos novos: abusos de posições monopolistas, continuidade dos hábitos de administração profundamente arraigados em um passado em que o cliente único era um Estado cúmplice e inerte, adiamento de inversões decisivas para a atenção de necessidades sociais cuja prestação não é sempre rentável, articulação de um novo sistema de proteção e subsídio à ineficiência, adiamento dos direitos dos usuários, distorções na competição. A culminação bem-sucedida do processo de reforma requer uma legislação adequada que possibilite neutralizar tais riscos e uma ação moderna, profissional e dinâmica por parte do poder público, expressado agora nos novos entes reguladores.

O contexto e as condições gerais nas quais se levaram a cabo as etapas mais difíceis do processo de reforma exigiram uma margem de discricionariedade administrativa sem a qual provavelmente não se teria podido atuar. Todavia, praticamente terminado o programa de privatização dos serviços e plenamente situados em uma etapa de consolidação, tal margem é insustentável. As iniciativas ou gestos que em 1989 podiam transmitir firmeza de convicções e capacidade de decisão transformadora são hoje vistas como resíduos de um *decisionismo* desnecessário, incompatível com as necessidades de segurança jurídica e de previsibilidade própria de mercados maduros.

A exigência de quadros regulatórios claros e de um poder de polícia capaz de velar pela correta prestação dos serviços constitui uma garantia tanto para beneficiários como para usuários, interessados por motivos quase idênticos em demarcar a discricionariedade política e administrativa. Os quadros regulatórios devem ser direcionados para estabelecerem regras que vão reger as relações entre o Estado e as empresas prestadoras de serviços públicos e entre estas e os usuários.

Ao mesmo tempo devem assegurar a existência de mecanismos de informação e controle, especialmente importantes quando se trata de casos de monopólios naturais, garantir a plena competição nos setores onde esta é possível, assegurar a proteção dos usuários e estabelecer mecanismos claros para a fixação de tarifas.[21]

Situados já no tempo da pós-privatização, às demandas originárias de estabilização sucedem novas exigências de conteúdo e alcance diferentes. A "agenda social" tem alta relevância em um país que experimenta mudanças profundas e em que o debate acerca do novo Estado está ainda por desenvolver-se. Entre 1983 e 1989 a Argentina reconstruiu suas instituições e regras básicas de democracia. Entre 1989 e 1994 o país estruturou sua economia e neutralizou os fatores de estancamento. O horizonte que se abre é de uma vasta redefinição das relações entre o público e o privado no qual a questão do Estado assume importância central. Instala-se uma nova agenda que prioriza a definição de marcos legais e de mecanismos de controle público capazes de conter os riscos nascidos de uma nova relação produto, precisamente, da reforma entre os poderes públicos, a iniciativa individual e o mercado.

21. Sobre a moderna teoria da regulação e sua projeção no terreno da estruturação das autoridades administrativas independentes encarregadas de exercer a função estatal de controle externo dos novos serviços, cf. especialmente C. A. Colliard e G. Timisit (Org.), *Les autorités administratives indépendantes*, Paris, Presses Universitaires de France, 1988, especialmente caps. 1-5. No mesmo sentido, J. Mitchell, *Public authorities and public policies. The business of government*. New York, Praeger, 1992, caps. 1-3 e F. Mas, *Gestion privé pour services publics. Menager l'Administration*, Sarcelles, InterEditions, 1990, cap. 5.

Capítulo 5

DEMOCRACIA E GOVERNABILIDADE: OS DIREITOS HUMANOS À LUZ DA GLOBALIZAÇÃO ECONÔMICA

José Eduardo Faria

1

Abertura política, estabilização econômica e reforma social foram os grandes desafios da América Latina, ao longo da última década. O maior problema de várias nações do continente foi ter de enfrentá-los ao mesmo tempo, pois as respectivas lógicas, ritmos, processos e horizontes temporais desses três desafios são tradicionalmente distintos e muitas vezes conflitivos. A abertura política, por exemplo, tende a acarretar altos custos para uma minoria e a produzir inúmeros benefícios de curto prazo para a maioria. Já a estabilização econômica, por implicar custos elevados para muitos no curto prazo, como demissões, restrições salariais, eliminação de subsídios e corte dos gastos governamentais, e a reforma social, por suscitar fortes resistências à supressão de privilégios consagrados sob a égide de Estados patrimonialistas, à eliminação dos direitos adquiridos de modo iníquo no âmbito do regime burocrático-autoritário e à adoção de eficazes mecanismos de transferência de renda, costumam ser lentas e bastante tensas, revelando-se por vezes vulneráveis ao risco de retrocessos institucionais.

Essa é uma das principais características da transição democrática latino-americana: ao avançar progressivamente, nos anos 80, a abertura política propiciou uma exacerbada vocalização de demandas reprimidas de justiça material, uma crescente radicalização ideológica e uma explosão de litigiosidade, o que tornou os governos então eleitos politicamente débeis frente às pressões corporativas, aos interesses particulares e a choques redistributivos, comprometendo sua capacidade de remover a intrincada teia de paradoxos, dilemas, distorções e contradições herdadas do passado. Condicionados pelos mais variados limites internos e externos, eles tendem a perder a capacidade de alocar recursos estratégicos, de promover transferências de renda e de executar de modo tão eficaz quanto conseqüente a ação programática prometida em campanha eleitoral. Carentes de poder transformador, o problema desses governos é a reprodução, em maior ou menor grau, da mesma dinâmica das gestões burocrático-autoritárias às quais sucederam: setores autocentrados em confronto aberto pelos dispêndios públicos, obtendo mais recursos aqueles com maior capacidade de mobilização, pressão, articulação e voz, independentemente de quaisquer critérios de necessidade ou de relevância social.

Por causa dessa vulnerabilidade, que é uma das facetas da tão decantada "crise de governabilidade" nas nações do continente, tanto os objetivos dos programas de estabilização econômica — controle monetário, equilíbrio fiscal, reorganização do sistema previdenciário, equacionamento da dívida pública, liberação dos preços, etc. — quanto as metas dos programas de reforma social — redistribuição de renda, correção dos desequilíbrios regionais, efetividade das políticas públicas, etc. — acabam não sendo concretizados em sua plenitude. O resultado inexorável é sempre o mesmo: a abertura do caminho para o crescimento desordenado das funções estatais, para a subseqüente perda da capacidade decisória e seletiva do setor público, para tentativas de ajuste fiscal e monetário em ziguezague ou movimentos de "stop-go", para o baixo ritmo de expansão econômica, para a estagnação das atividades produtivas acompanhada de inflação, para a multiplicação dos privilégios corporativos, para o aumento do desemprego e para a ampliação dos coeficientes de marginalidade social, em suma, para a elevação geral das incertezas e para a irracionalidade do processo decisório.

Sem estabilização econômica e sem reforma social, a democracia, aqui encarada não na perspectiva de um contrato social programado "ex ante", porém na perspectiva de um intrincado processo no qual se desenvolvem estratégias de negociação que têm como resultado "ex post" uma ordem política nova, justa e legítima, não consegue consolidar-se em termos definitivos. Pelo contrário, ela corre o risco de se tornar institucionalmente fraca, minada pelo populismo eleiçoeiro, pelo pragmatismo decisório e por uma escalada inflacionária, responsável pelo acirramento dos conflitos distributivos, pela disseminação de um individualismo selvagem e pela inviabilização do cálculo econômico racional, revelando-se assim incapaz de assegurar um progresso material mínimo e de administrar o exercício naturalmente conflitivo da cidadania. A seqüência desse processo é conhecida. Nas palavras de um arguto observador da vida política latino-americana, "como a idéia de resolver conflitos por acordo é sedutora, os governos apelam para a negociação política assim que a oposição às reformas começa a manifestar-se, mas retomam o estilo tecnocrático quando os compromissos estabelecidos nos pactos põem as reformas em risco. Dessa maneira, os governos prometem amplas consultas políticas e escandalizam os prováveis parceiros expedindo decretos; editam decretos enquanto esperam o consenso; o resultado é que parece faltar aos governos uma concepção clara das reformas e a determinação necessária para sua execução. O Estado começa a ser visto como a principal fonte da instabilidade econômica. A seguir, entram em cena os feiticeiros com mais uma fórmula mágica. Toda vez que a confiança nas reformas é abalada, cada novo governo tenta uma ruptura total com o passado, fazendo alguma coisa de que ainda não se aprendeu a desconfiar. As reformas viciam: precisa-se de doses cada vez mais fortes para acalmar a falta de esperança acumulada".[1]

Portanto, quanto mais lentas (ou postergadas) são a estabilização econômica e a reforma social, e quanto maior é o apelo às fórmulas mágicas e às "políticas de feitiços" para neutralizar as conseqüências geradas pela frustração e falta de esperança acumuladas, mais as desigualdades se agravam e mais se debilita o acordo moral básico do qual dependem a manutenção da ordem democrática e o funcionamento da economia. E quanto maior é a velocidade desse processo, menor é a efetividade dos direitos fundamentais restabelecidos pela abertura política, uma vez que a miséria, as decepções e a falta de

1. Cf. Adam Przeworski, "A dinâmica política da reforma econômica", in *Democracia e mercado no Leste Europeu e na América Latina*, Rio de Janeiro, Dumará, 1994, pp. 248-249. Para uma provocativa análise empírica da conexão entre estabilização econômica, reforma social e democratização, ver John F. Helliwell, *Empirical linkages between democracy and economic growth*, Cambridge, National Bureau of Economic Research, 1992, Working paper n. 4066. Para uma análise do impacto da inflação sobre a política e do populismo sobre a ordem econômica, ver R. Dornbusch e S. Edwards, "La macro-economia del populismo en América Latina", in *El Trimestre Económico*, México, 1990, n. 225. Para uma visão crítica dessa abordagem de natureza funcionalista, ver Atílio A. Boron, *Estado, Capitalismo e Democracia na América Latina*, Rio de Janeiro, Paz e Terra, 1994.

perspectivas minam a estabilidade institucional, esgarçam os laços de solidariedade e abrem caminho para o "hobbesianismo social".

É esse, em termos singelos, o campo temático deste trabalho. Nosso propósito não é analisar o descompasso entre a abertura política, a estabilização econômica e a reforma social, mas, a partir dele, avaliar seu impacto sobre a efetividade dos direitos humanos no continente. Embora os processos de abertura política e transição democrática tenham possibilitado o reconhecimento formal dos direitos humanos, pelo ordenamento jurídico em vigor, até que ponto eles, de fato, vêm sendo respeitados? Em que medida, apesar de sua vigência formal, são materialmente eficazes? O que justifica essas indagações é a consciência de que os direitos humanos têm tido, no continente, uma trajetória histórica paradoxal: quanto mais são afirmados, incorporando-se no texto das constituições e no discurso dos líderes políticos, empresariais, sindicais, comunitários e religiosos latino-americanos, mais eles tendem a se abrir interrogativamente em direção a um futuro sempre concebido como um problema — e jamais visto como certeza.

O ceticismo inerente a esse paradoxo deve ser encarado antes como um juízo de fato do que como um juízo de valor. Neste momento em que algumas nações latino-americanas vêm conseguindo manter intocada a democracia representativa, reunindo as condições institucionais mínimas para assegurar a plenitude dos direitos humanos no seu sentido liberal-clássico, ou seja, como direitos voltados ao reconhecimento da propriedade privada, da igualdade jurídica e das liberdades de expressão e iniciativa, as recentes mudanças econômicas do mundo contemporâneo vêm relativizando a autonomia dos Estados nacionais e alimentando uma dissimulada hostilidade contra a própria idéia de democracia, nas sociedades periféricas e dependentes. Trata-se de um fenômeno que, no caso específico da América Latina, os atinge justamente quando têm pela frente o desafio da estabilização da moeda (Quadros n. 1 e n. 2), dado o impacto desagregador e corrosivo *(a)* da inflação sobre a economia, *(b)* de uma dívida externa superior a US$ 400 bilhões, que compromete o efetivo poder de intervenção e direção dos governos, reduzindo assim sua capacidade de consolidar a transição democrática com programas abrangentes de reforma social, e *(c)* das políticas de modernização conservadora em sociedades estigmatizadas pela pobreza relativa e pela miséria absoluta de mais de dois terços de suas respectivas populações.

Quadro n. 1

Crescimento do PIB per capita e inflação (Anos 80)

	PIB per capita			**Inflação**		
	1985	1989	1990	1985-89	1989	1990
Argentina	-2,1	-5,6	-1,8	468,6	4.923,8	1.344,4
Brasil	2,2	1,2	-5,9	489,4	2.337,6	1.585,2
Bolívia	-1,8	-0,1	-0,2	192,8	16,6	18,0
Chile	4,4	8,0	0,3	19,8	21,4	27,3
Colômbia	2,7	1,5	2,1	24,5	26,1	32,4
México	-1,3	0,9	1,7	73,8	19,7	29,9
Peru	-	13,2	-6,8	443,2	2.775,8	7.649,7
Venezuela	-1,1	-10,1	3,2	32,5	81,0	36,5

Fonte: Cepal, 1990 e 1991.

Por quanto tempo a democracia representativa tão arduamente conquistada no continente, a partir dos anos 80, poderá coexistir com a adoção de ortodoxas políticas monetárias limitadoras de demanda, responsáveis pela redução da produção por habitante, da taxa de uso da capacidade de produção disponível e da formação de capital e por uma subseqüente deterioração na distribuição de renda e do padrão de vida de contingentes expressivos da população? Como poderá a democracia representativa subsistir sem um aparato estatal efetivamente capaz de corrigir — ou pelo menos atenuar — as profundas desigualdades sociais, setoriais, regionais e étnicas? Terá ela condições de sobreviver em contextos profundamente marcados por brutais diferenças de renda, direitos e acesso aos bens e serviços públicos, que minam a cidadania substantiva das maiorias economicamente marginalizadas justamente quando mais se enfatiza sua emancipação política? Além disso, de que modo estender os direitos humanos do plano tradicional dos direitos civis e da segurança patrimonial para o plano dos direitos à vida, ao trabalho, à saúde, à educação, à alimentação e à moradia em países estigmatizados por "dualismos estruturais" altamente perversos e por inúmeras demandas particulares envolvendo sujeitos históricos novos e portadores de necessidades não enquadráveis nas generalizações abstratas das instituições político-jurídicas forjadas à luz dos modelos clássicos de Estado de Direito?

Quadro n. 2

América Latina: produto interno bruto, consumo, inversão e choques externos, 1980-93

(bilhões de dólares anuais a preços de 1980)

	1980	1981	1990	1991	1993	Médias 1980-81	Médias 1990-91	Variação entre biênios
1. Produto interno bruto	743,2	736,0	825,7	856,9	912,8	735,1	841,3	106,2
2. Gasto interno	746,3	743,5	762,4	801,8	866,3	744,9	782,1	37,2
3. Consumo	565,3	565,9	635,2	659,8	702,7	565,6	647,5	81,9
4. Formação bruta de capital fixo	181,0	177,6	127,3	142,0	163,6	179,3	134,6	(44,6)
5. Poupança interna	168,9	170,0	190,5	197,1	210,1	169,5	193,8	24,3
6. Balança comercial	(121,1)	(7,5)	63,2	55,1	46,5	(9,8)	59,2	69,0
a) Exportação de bb. e ss.	103,1	110,5	172,2	179,8	205,5	106,8	176,0	69,2
b) Importação de bb. e ss.	(115,2)	(118,0)	(109,0)	(124,8)	(159,0)	(116,6)	(116,9)	(0,3)
7. Efeito dos termos do intercânbio comercial	00,0	(5,8)	(42,4)	(49,4)	(62,1)	(2,9)	(45,9)	(43,0)
8. Transferências líquidas de fundos (c-d)	11,4	12,6	(25,7)	(11,7)	9,6	12,0	(18,7)	(30,7)
a) Movimentos de capital *	31,8	37,5	16,0	31,7	53,8	34,6	23,9	(10,8)
b) Serviço de capital	(19,2)	(27,5)	(29,6)	(27,4)	(27,3)	(23,3)	(28,5)	(5,1)
c) Subtotal (a+b)	12,6	10,0	(13,6)	4,4	26,5	11,3	(4,6)	15,9
d) Variação de reservas internacionais **	1,2	(2,6)	12,1	16,1	17,0	(0,7)	14,1	14,8

Fonte: CEPAL, sobre a base de dados oficiais expressados em dólares de 1980, apud Ricardo Ffrench-Davis, "As políticas de ajuste e suas repercussões sócio-econômicas", in *Política Externa*, São Paulo, Paz e Terra, 1994-5, vol. 3, m.3, p.37.

Notas: Inclui Argentina, Bolívia, Brasil, Colômbia, Costa Rica, Chile, Equador, El Salvador, Guatemala, Haiti, Honduras, México, Nicarágua, Panamá, Paraguai, Peru, República Dominicana, Uruguai e Venezuela.

* Inclui as transferências unilaterais públicas e privadas (doações líquidas).

** Uma cifra positiva significa uma acumulação de reservas.

Na América Latina, com seus tradicionais problemas de inflação, desequilíbrio fiscal, endividamento externo, concentração de renda, corporativismo, clientelismo, cartorialismo, corrupção, pobreza e miséria, o desafio entreaberto por estas indagações está na formulação de modelos políticos e normativos capazes de por numa perspectiva totalizadora as relações assimétricas e multiformes que têm fragmentado o espaço político da democracia representativa no continente. Esse desafio pressupõe Estados modernos, eficientes e acima de tudo dotados de poder para promover transferências fiscais e previdenciárias e para formular, implementar e executar políticas públicas, a partir do estabelecimento de prioridades para a promoção de reformas sociais, com o objetivo de eliminar as hierarquias de privilégios, por fim à distribuição desigual dos "direitos adquiridos", superar uma complexa estrutura de preconceitos e responder, de modo tão conseqüente quanto determinado, às reivindicações coletivas em favor de integração econômica por parte dos segmentos sociais marginalizados. No entanto, até que ponto isso é possível num cenário mundial caracterizado pelos fenômenos da globalização econômica, da transnacionalização das estruturas de poder, da flexibilização das estruturas de produção e da mercantilização generalizada dos valores sociais, políticos e culturais — fatores esses diretamente responsáveis pela gradativa erosão da soberania dos Estados nacionais? Como obter uma correspondência entre a competitividade internacional e a redução das desigualdades sociais por meio da ação de Estados eficientes, com severo controle de seus gastos e submetidos a uma ordem constitucional democrática e pluralista? De que modo implementar programas sociais com propósitos redistributivos num momento em que, por causa do enfraquecimento da autonomia do Estado, a decisão política já não representa um ato de autoridade, exigindo obediência, mas um acordo negociado e baseado em benefícios; em que a política passa a ser concebida antes como um mecanismo de coordenação do que como instância de direção; em que as formas de auto-regulação social vão tomando o lugar dos órgãos adjudicatórios tradicionais ?

2

Estas indagações são formuladas no exato momento em que as relações internacionais se caracterizam por dois movimentos diametralmente opostos: o da *globalização* ou *integração econômica*, alimentado pelos interesses políticos, comerciais e econômico-financeiros dos oligopólios, dos grandes bancos e de alguns poucos governos nacionais; e o da *balcanização* ou *fragmentação sócio-cultural*, uma vez que a globalização é um processo de decisões privadas e públicas tomadas na forma de sucessivos e inacabados desafios e ajustes, gerando intensas transformações cujas origens e conseqüências são extremamente complexas, por causa de suas múltiplas dimensões não-econômicas. Por um lado, o mundo tido como "desenvolvido" cada vez mais se pauta por uma visão seletiva e oligárquica da agenda internacional, impondo temas bastante recorrentes, como a desregulação dos capitais, a geração de formas cooperativas de interdependência econômica, a unificação monetária, a flexibilização dos sistemas de produção, a padronização e a homogeneização dos mercados, criação de grandes blocos comerciais, a emergência do Leste Europeu como novo mercado consumidor e a defesa dos cortes drásticos nos gastos públicos dos Estados nacionais, acompanhado da desformalização de muitas de suas obrigações funcionais, e da privatização de determinados serviços públicos essenciais, como estratégia de neutralização da crise fiscal e restauração das condições "mínimas" de governabilidade. Por outro lado, as manifestações crescentemente violentas de nacionalismo, xenofobia e fundamentalismo religioso, na Europa, na Ásia e na África, e a degradação das condições de vida das populações dos países tidos como "em desenvolvimento", especialmente os da endividada América Latina (quadros ns. 3 e 4), frente à qual as novas instâncias de poder têm revelado pouco interesse ou escassa capacidade de respostas, constituem-se em explosivo contraponto do processo de unificação e flexibilização da economia mundial.

Quadro n. 3

Grupo Andino: dívida externa total (em milhões de US$)

País	1975	1985	1993 (*)
Bolívia	855	4.805	3.623
Colômbia	2.746	14.244	16.779
Equador	708	8.702	12.493
Peru	5.076	12.885	22.667
Venezuela	1.492	35.335	35.000

Fonte: IPS, dados do Instituto Nacional de Estatística (Peru), Ministério do Planejamento da Bolívia, Banco Central do Equador, Banco da República (Colômbia), Ministério da Fazenda da Venezuela, Banco Interamericano de Desenvolvimento e ILZA, 1993.

(*) último dado disponível.

Quadro n. 4

Mercosul: dívida externa total (em milhões de US$)

País	1975	1985	1993(*)
Argentina	8.171	50.946	60.000
Brasil	23.769	106.147	35.047
Chile(**)	4.762	20.384	19.124
Paraguai	228	1.817	1.249
Uruguai	787	3.920	7.300

Fonte: IPS, com dados dos bancos centrais do Uruguai, Paraguai, Brasil, Argentina e Chile e o BID.

(*) último dado disponível.

(**) O Chile não pertence ao Mercosul, mas está incluído nesta lista por seus crescentes vínculos com os países membros do grupo.

Nesse cenário de contradições, as nações latino-americanas têm participado mais como detentoras passivas do que como gestoras ativas das vantagens e resultados alcançados pelos organismos internacionais multilaterais que, paradoxalmente, ajudaram a criar. No âmbito desses organismos, as nações latino-americanas muitas vezes são tratadas como permanente fonte de problemas, acusadas de violar direitos fundamentais, degradar o meio ambiente, fomentar migrações, ignorar a propriedade intelectual e impor o protecionismo comercial. Na lógica pragmática das nações desenvolvidas, em cujo âmbito a crescente integração do mercado de bens e serviços, a interpenetração das estruturas empresariais e a conexão dos mercados financeiros vão condicionando a capacidade de coordenação econômica e articulação política de seus Estados, a ênfase tem sido dada à "revitalização" do livre comércio e à "libertação" dos agentes produtivos, sob a forma de estratégias de *desregulação, deslegalização* e *desconstitucionalização*. O que vem alimentando essa ênfase são as sucessivas ondas de transformação tecnológica dos países avançados, responsáveis pelo deslocamento do eixo de competição do comércio internacional, a partir dos anos 90: antes delas, a competição girava em torno do controle das matérias primas estratégicas; hoje, todavia, concentra-se em torno do controle de novos processos e escalas mundiais de produção[2] — o que tende a liquidar com as vantagens comparativas das nações em desenvolvimento que contam com amplas reservas energéticas e mão-de-obra abundante e barata.[3]

Seja por meio da reorganização das empresas multinacionais, seja por meio da modernização da rede internacional de fornecedores em torno de um grande conglomerado, a globalização econômica e a flexibilização da produção se dão a partir da ruína das muralhas da tradicional "economia das chaminés". Isto é, com a obsolescência do paradigma técnico-industrial baseado nos conceitos tayloristas e nos métodos fordistas de produção (trata-se curiosamente, do mesmo paradigma tão perseguido pelas ditaduras burocrático-militares dominantes na América Latina ao longo dos anos 60 e 70, com suas políticas econômicas "voltadas para dentro", fechadas aos fluxos do comércio internacional em nome do alargamento da "soberania nacional", mediante um intervencionismo regulatório que minou a formação dos sistemas relativos de preços, salários, juros, câmbio e tarifas). Ao substituir o paradigma de base eletro-mecânica prevalecente até a década de 80, fundado na fabricação de produtos homogêneos e em etapas isoladas, por outro baseado na velocidade do desenvolvimento da informática e das técnicas industriais, propiciando estruturas produtivas flexíveis, diferenciadas e integradas e introduzindo novos padrões de eficiência, em termos de organização, administração e qualificação de recursos humanos, as ondas de transformação tecnológica dos anos 90 aceleraram o declínio da sinergia resultante das complementaridades inerentes ao funcionamento das economias nacionais, enquanto sistemas.

2. Ver, nesse sentido, "Technology and Economy: the key relationship", relatório de conclusão do Technology and Economy Programe, OECD, 1992, e Michael Porter, *The competitive advantage of nation*, New York, The Free Press, 1990. Ver, também, M. Piore e C. Sabel, *The second industrial divide*, New York, Basic Books, 1984; Boaventura Santos, "Subjetividade, cidadania e emancipação", in *Revista Crítica de Ciências Sociais*, Coimbra, 1991, n. 22; Alejandro Portes, "Quando mais pode ser menos: normas trabalhistas, desenvolvimento e economia informal", in *Novos Estudos*, São Paulo, Cebrap, 1993, n. 35; e o curto mas instigante artigo de José Luís Fiori, "As palavras, as coisas e a nova ordem mundial", in *Monitor Público*, Rio de Janeiro, Conjunto Universitário Cândido Mendes, 1994, n. 3.

3. Um bom exemplo dessa mudança no eixo de competição do comércio internacional é dado pelo comportamento do leste Asiático: em 1960, ele respondia por apenas 4% da produção econômica mundial; nos anos 90, sua participação chega a 25%; enquanto o produto nacional bruto na Europa e nos Estados Unidos tem crescido a uma média de 2,5% a 3% ao ano, nos últimos 25 anos, vários países do leste Asiático têm conseguido manter taxas de 6,5% a 7,5%. As estimativas são de que, até o ano 2.000, 40% de todo o poder de compra criado no mundo estarão no Leste Asiático; atualmente, os bancos centrais dos países dessa região já acumulam 45% de todas as reservas mundiais de divisas. Ver, nesse sentido, Klaus Schwab e Claude Samadja, "A nova ordem econômica mundial", in *Exame*, São Paulo, 23.11.94.

Se é certo que num primeiro momento sua abertura para o exterior e sua progressiva inserção numa economia em processo de "globalização" propiciam maior competitividade e ganhos de escala, é igualmente correto que, num segundo momento, elas acarretam uma redução da soberania nacional e da autonomia decisória, com graves repercussões sociais e trabalhistas. "A atrofia dos mecanismos de comando dos sistemas econômicos nacionais não é outra coisa senão a prevalência de estruturas de decisões transnacionais voltadas para a planetarização dos circuitos de decisões", afirma Celso Furtado, um dos mais conhecidos analistas desse fenômeno. "A questão maior que se coloca diz respeito ao futuro das áreas em que o processo de formação do Estado nacional se interrompe precocemente, isto é, quando ainda não se há realizado a homogeneização nos níveis de produtividade e nas técnicas produtivas que caracteriza as regiões desenvolvidas. As disparidades de áreas geográficas de um mesmo sistema econômico são uma característica do subdesenvolvimento, a qual surge nítida nos países de grande extensão territorial. O problema da perda de governabilidade se apresenta com maior gravidade nos sistemas econômicos ainda em formação, como são os países subdesenvolvidos; (...) o declínio da governabilidade reduziu o ritmo da acumulação; são mudanças estruturais que se traduzem em baixa taxa de crescimento e concentração geográfica de renda. Ora, é sabido que essas forças buscam agravar o desemprego nos países ricos e aprofundar a miséria nos países pobres. E, posto que se trata de um processo de globalização, é pequena a possibilidade de modificar-lhe o rumo com meios de ação de alcance nacional".[4]

Para os propósitos deste nosso trabalho, é importante identificar e avaliar três tipos de conseqüências deste processo de globalização. O primeiro deles diz respeito ao seu impacto sobre o mercado de emprego; o segundo, à redistribuição geo-espacial da produção industrial; o terceiro, à redefinição das funções, dos espaços e dos campos de competência da política no âmbito do Estado nacional. Ao deflagrar um processo de crescimento sem um aumento correspondente na criação de novos postos de trabalho (fenômeno conhecido como "jobless growth"), como se vê no quadro abaixo, as ondas de transformação tecnológica dos anos 90 mudaram a estrutura do mercado de trabalho, convertendo o desemprego estrutural na questão crítica da economia contemporânea, criaram novas formas de relacionamento entre o capital e o trabalho e exigiram um novo "modus

4. Cf. Celso Furtado, *A construção interrompida*, Rio de Janeiro, Paz e Terra, 1992, pp. 24-25. Neste importante texto, o autor defende a tese de que a globalização econômica desarticulou por completo os sistemas econômicos nacionais, convertendo as atuais nações em simples "áreas ou espaços culturais".

operandi" de todos os atores do comércio internacional[5]. Com isso rebaixaram os trabalhadores na escala profissional e provocaram a heterogeneização das relações salariais, *(a)* acentuando o fosso entre os ganhos das várias categorias de operários, *(b)* condenando ao desemprego crônico os menos qualificados (Quadro n. 6) e *(c)* abrindo caminho, dessa maneira, tanto para a desradicalização das demandas operárias quanto para o esvaziamento dos modelos social-democratas de transformação social e política. A existência de várias relações salariais (como a vinculação da remuneração de várias relações salariais exclusivamente à produtividade, o aumento das jornadas de trabalho acompanhado do encurtamento dos períodos de contratação, a expansão do trabalho subcontratado e a subsequente redução dos benefícios sociais) e a segmentação do mercado de trabalho (com a realocação das unidades produtoras a flexibilização das condições de recrutamento, a adoção dos contratos por tarefa e a tendência ao uso da mão-de-obra cada vez mais qualificada e menos onerada com custos sociais) terminam *(a)* fragmentando o movimento operário, *(b)* reduzindo sua capacidade de resistência à transformação da "terceirização" numa técnica de controle social e, por fim, *(c)* acarretando a própria perda do papel "central" dos sindicatos no processo político.

Quadro n. 5

O desemprego nos países avançados (taxas de desemprego em % da força de trabalho)

País	1991	1992
Austrália	10,2	11,3
Bélgica	7,7	8,4
Canadá	10,3	11,3
França	9,9	10,4
Alemanha(*)	6,3	7,0
Holanda	4,4	4,5
Itália	10,3	10,6
Japão	2,0	2,2
Espanha	15,3	14,9
Suécia	3,1	5,2
Suíça	1,5	3,5
Inglaterra	8,8	10,1
EUA	6,9	7,4

(*) dados da ex-Alemanha Ocidental apenas
Fonte: *The Economist Year Book*, 1993.

5. Nos Estados Unidos, por exemplo, a produção industrial dobrou, entre 1970 e 1993, mas o número de empregados na indústria caiu em 10%. Na França, entre 1961

Quadro n. 6

Estrutura de Desemprego
Países Avançados
1979-1989
Em porcentagem do desempenho total

Países Selecionados	Taxa de Desem-prego Total		Desempre-go de Jovens		Desempre-go de Mu-lheres		Desemprego de Longa Duração (Mais de 1 ano)		Desem-prego de Pessoas com Mais de 45 anos
	1979	**1989**	**1979**	**1989**	**1979**	**1989**	**1979**	**1989**	**1988**
Alemanha	3,2	5,6	3,4	8,1	7,9	8,8	-	49,0	47
Estados Unidos	5,8	5,2	11,3	10,5	6,8	5,3	5,9	5,7	30
França	5,9	9,4	13,3	19,1	7,9	12,6	27,1	43,9	22
Itália	7,6	10,9	25,6	33,6	13,3	18,7	-	70,4	43
Inglaterra	5,0	7,1	10,3	8,6	3,9	4,2	-	40,8	34
Japão	2,1	2,3	3,4	4,5	1,9	2,3	16,0	18,7	54
Suécia	2,1	1,4	5,0	3,0	2,3	1,4	6,0	6,5	-
CEE	5,7	9,0	-	-	-	-	-	53,7	-
OCDE	5,1	6,2	-	-	-	-	-	33,7	-

Fonte: OCDE, 1991, apud J. E. L. Mattoso, "O novo e inseguro mundo do trabalho nos países avançados".

O que se tem a partir daí, conseqüentemente, é uma situação altamente perversa: enquanto os trabalhadores mais qualificados costumam desenvolver fórmulas bem menos conflituosas e muito mais cooperativas de relacionamento com os empregadores, partindo do "imperativo categórico" de que a manutenção de seus postos de trabalho dependeria basicamente do poder de competitividade das empresas e de sua capacidade de ampliar seu "market share", os trabalhadores

e 1991, a porcentagem de emprego industrial caiu em um quarto; na Alemanha e Itália, essa redução foi de 15%. Cf. Klaus Schwab e Claude Smadja, "A nova ordem econômica mundial", op. cit., p. 132.

menos qualificados cada vez mais tendem a ser expulsos ou jogados para fora dos sistema produtivo da economia formal. Esses trabalhadores, que já ganhavam bem menos quando estavam empregados, dificilmente podem conquistar outros postos de trabalho, na medida em que carecem de qualificação profissional suficiente para atuar no âmbito do novo paradigma tecnológico-industrial. Como num círculo perverso, quanto mais permanecem desempregados, mais defasados vão ficando com relação às inovações tecnológicas das empresas; e quanto mais conscientes se tornam dessa defasagem, mais sentem-se estimulados a imigrar para países industrializados na busca de uma oportunidade profissional e de uma melhoria de seu padrão de vida. A "sociedade de serviços" inerente a uma economia globalizada não passa, portanto, de uma combinação de altas taxas de desemprego com parcelas expressivas da população trabalhando em tempo parcial ou, então, precariamente, na economia informal.

Quadro n. 7

Imigração trabalhista
(trabalhadores que se mudaram em busca de emprego)

Origem	Destino	Quantidade
América Latina	EUA	9 milhões
Ásia	EUA	4 milhões
Leste Europeu	Europa Ocidental	3 milhões
Norte da África	Europa Ocidental	3 milhões
Centro-Sul África	Europa Ocidental	2,5 milhões
Índia, Paquistão e Sudeste da Ásia	Europa Ocidental	1,5 milhão
Ex-Iugoslávia, Turquia e Or. Médio	Europa Ocidental	4 milhões
Sudeste Ásia	China e Ásia Central	1 milhão

Fonte: *Newsweek*, 1993.

A ampliação do ritmo de crescimento sem uma paralela expansão das taxas de emprego, entreabrindo uma espécie de "seleção biológica" no mercado de trabalho, em cuja dinâmica tendem a sobreviver apenas os mais qualificados e capazes de exercer múltiplas tarefas simultaneamente, é uma das principais razões que tem levado a maioria dos sindicatos trabalhistas de diferentes setores econômicos a uma posição de fraqueza política crônica, ao longo destes últimos anos. Este também é um dos principais motivos que tem propiciado uma crescente desintegração estrutural do movimento operário urbano. Trata-se de um processo devastador que, examinado na perspectiva de uma situação-limite, vem provocando uma progressiva perda do eixo de atuação da própria classe trabalhadora como ator central em torno da qual se formavam, até as décadas de 60, 70 e 80, projetos político-ideológicos "totalizantes".

Por outro lado, as ondas de transformação tecnológica dos anos 90 também vêm acarretando a transferência, para os países em desenvolvimento, das fases produtivas que envolvem trabalho manual, das que têm sua competitividade baseada no baixo custo dos salários e das que exigem um enorme controle de seu impacto negativo sobre o meio ambiente. Quanto maior é essa transferência, maior a concorrência muitas vezes selvagem entre mercados de trabalho locais, regionais e nacionais por novas oportunidades de investimento, obrigando as nações em desenvolvimento a competir entre si pelas contrapartidas muitas vezes desfavoráveis dos grandes conglomerados industriais e financeiros.[6] Entre os desdobramentos mais importantes dessa competição destacam-se, por um lado, a concentração regional da riqueza e a concentração do conhecimento em um número bastante restrito de conglomerados transnacionais com enorme poder de alocação e deslocação de recursos produtivos e financeiros; e, por outro, o enfraquecimento do trinômio Estado-nação-indústria nacional que por inúmeras décadas garantiu, como horizonte espaço-temporal, a direção e a coesão simbólica dos países latino-americanos. Por causa desse enfraquecimento, *(a)* os Estados nacionais têm comprometida sua capacidade de coordenação macroeconômica, *(b)* perdem as condições materiais de estabelecer critérios políticos e dispositivos jurídicos aptos a permitir a superação da rigidez da lógica econômica na busca do bem-estar coletivo, *(c)* revelam-se incapazes de impedir a transferência de parte de seu poder decisório para as áreas de influência do capital privado e dos grandes conglomerados empresariais, *(d)* enfrentam dificuldades para assegurar a eficácia de seus instrumentos de

6. Para uma importante e arguta análise das consequências desse tipo de concorrência, ver Boaventura Santos, "Subjetividade, cidadania e emancipação", op. cit., e "O Norte, o Sul e Utopia", in *Pela mão de Alice: o social e o político na pós-modernidade*, Porto, Afrontamento, 1994; e José Luís Fiori, "As palavras, as coisas e a nova ordem mundial", op. cit.

política industrial baseados na imposição de restrições aos fluxos de capitais e mercadorias e, por fim, *(e)* dispõem de poucas condições políticas e financeiras para administrar o custo social da transformação das relações entre o capital e o trabalho provocada pela substituição do antigo paradigma "fordista" pelo novo paradigma da "especialização flexível da produção".

Uma das conseqüências mais importantes do enfraquecimento do Estado nacional é, como se vê, a perda da centrabilidade da política. Com a erosão das fronteiras, no âmbito de uma economia globalizada, a política se "desterritorializa". E com a proliferação de mecanismos de auto-regulação econômica, ela perde seu papel como instância privilegiada de deliberação, decisão, condução e proteção, tendendo a operar numa dimensão mais coordenadora, sob a forma de "redes" formais ou informais articuladas por empresas sindicatos e entidades representativas preocupadas em negociar questões específicas e assegurar interesses particularísticos. À medida que o processo decisório vai sendo descentralizado, desterritorializado e transnacionalizado, as decisões políticas tornam-se condicionadas por equilíbrios macroeconômicos que representam, mais do que um mero indicador, um verdadeiro princípio normativo responsável pela fixação de rigorosos limites às intervenções reguladoras dos Estados nacionais. Além disso, como o desenvolvimento do Estado nacional sempre esteve estreitamente vinculado à conformação da "cultura cívica",[7] seu enfraquecimento também acarreta importantes conseqüências nessa matéria. Codificando a linguagem e o direito, homogeneizando procedimentos burocráticos e educação escolar, o Estado nacional assegura formas comuns de percepção e raciocínio, ou seja, o conjunto de expectativas e crenças compartilhadas pelos cidadãos quanto aos poderes públicos, quanto à própria sociedade em que vivem e quanto ao catálogo de direitos e deveres que cada um acredita ser o seu. "Diante deste poder de totalização simbólica encarnado pelo Estado", pergunta Lechner, "por acaso estamos tomando consciência do que significa a atual redefinição da política para a existência de um marco de referência compartilhado por toda a sociedade?" Ele responde esta indagação afirmando que a lógica utilitarista e anti-estatista da globalização econômica despreza por completo "a criação política das estruturas comunicativas e das normas éticas em que se inserem os processos sociais".[8]

7. Ver, nesse sentido, Gabriel Almond e Sidney Verba, *The Civic Culture*, Boston, Little Brown, 1965.

8. Cf. Norbert Lechner, *Los nuevos perfiles de la política: un bosquejo*, Santiago, Flacso, 1993, série: Estudios Políticos n. 31, p. 17.

O gradativo fenecimento do Estado nacional, cuja soberania vai sendo erodida na mesma velocidade com que a política tradicional se descentraliza, desterritorializa e transnacionaliza, conduz, assim, a uma outra importante questão: como a globalização vai levando a "racionalidade do mercado" a se expandir sobre âmbitos não especificamente econômicos, as fronteiras entre o público e o privado tendem a se esfumaçar e os critérios de eficiência e produtividade a prevalecer às custas dos critérios "sociais" politicamente negociados na democracia representativa. Quanto maior é a capacidade de coordenação dos grupos empresariais, com seus sistemas auto-regulatórios, menor é a capacidade da política tradicional de possibilitar o controle dos processos sociais — por extensão, menor também é a autonomia do poder público. A crescente dificuldade dos bancos centrais para impor suas decisões sobre os fluxos internacionais de capitais, a integração do sistema financeiro privado em escala mundial, é um ilustrativo exemplo dessa perda de autonomia. Outro bom exemplo é dado pela privatização dos serviços essenciais estatais e das empresas públicas: antes submetidos a controles políticos, eles se tornam politicamente não controláveis quando passam à esfera privativa da iniciativa privada; quanto mais esta vai assumindo áreas antes pertencentes ao Estado, mais restrito vai ficando o próprio espaço da democracia.

3

Eis aí, em linhas bastante gerais, alguns dos mais importantes gargalos estruturais para a efetividade dos direitos humanos na América Latina, exponenciado pelas diferenças de ritmo, de horizonte temporal, de lógica e de processo entre democratização política, estabilização econômica e reforma social. Se no plano político do mundo desenvolvido, ao longo dos últimos anos, aumentou o número de bens, valores, interesses e sujeitos aptos a serem tutelados pelo rótulo "direitos humanos", enfatizando-se as conquistas conhecidas como "pós-materiais" (como o controle do meio ambiente, a proteção dos interesses "difusos", o reconhecimento das singularidades de certas minorias, a ampliação das ofertas de lazer, etc.), no plano social dos países latino-americanos o progressivo enfraquecimento do Estado nacional dificulta o reconhecimento dos direitos mínimos de amplos contingentes de suas respectivas sociedades. Nelas, o denominador comum continua sendo *(a)* a *pobreza absoluta* (que atinge cerca de 31,5% da população global do continente); *(b)* o *desemprego disfarçado* (ou seja, o subemprego, o emprego informal e a produtividade ociosa frente às possibilidades do aparelho produtivo existente, que, em 1990, atingia mais de um terço da população) e *(c)* o *baixo nível dos seus salários* (medido em termos reais, na última década, o salário mínimo urbano caiu de 100.0 para 77.1, na Argentina; para 70.6, no Brasil; para 79.7, no Chile; para 50.7, no México; e para 68.6, na Venezuela).[9]

Quadro n. 8

Tendências na distribuição de renda e pobreza 1980-1989

Países selecionados	**Pobreza Absoluta (%)**		**Distribuição de Renda: participação dos 20% mais pobres**	
	1980	**1989**	**1980**	**1989**
Argentina	3.0	6.4	5.3	4.2
Bolívia (Urbana)	51.1	54.0	3.9	3.5
Brasil	34.1	40.9	2.6	2.1
Colômbia (Urbana)	13.0	8.0	2.5	3.4
Costa Rica	13.4	3.4	3.3	4.0
Guatemala	66.4	67.0	2.7	2.1
México	16.6	22.6	4.1	3.2
Peru (Lima)	31.1	40.5	6.2	5.7
Total	26.5	31.5	4.6	4.0

Fonte: G. Pasacharopoulos et alii, *Poverty and Income Distribution in Latin America: the Story of the 1980s* (Washington, World Bank, Latin America and the Caribbean Technical Department, Regional Studies Program, 1992, report n. 27.

9. Cf. Unicef, Relatório de 1992, capítulo relativo à América Latina; CEPAL, *Notas sobre la economia y el desarrollo*, Santiago, 1989; Norman L. Hicks, *Poverty and Social Development in Latin América*, Washington, The World Bank, 1994; e Ricardo Ffrench-Davis, "As políticas de ajuste e suas repercussões sócio-econômicas", op. cit., p. 43.

Gráfico 1: América Latina
Salários e desemprego, 1980-90

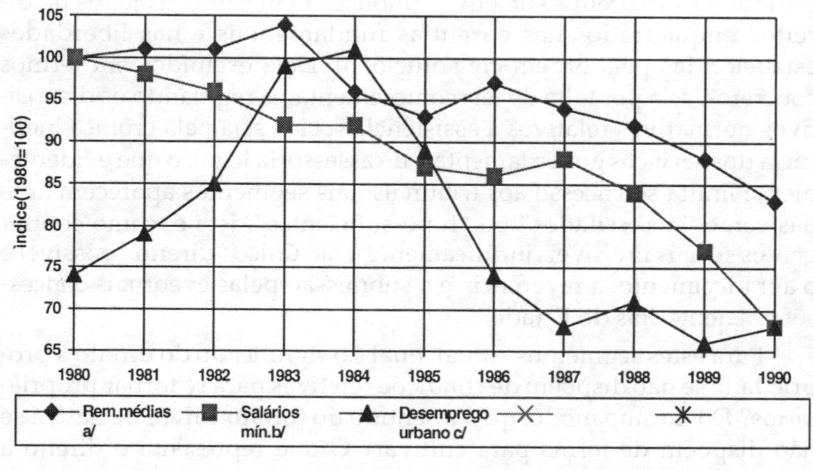

Fonte: Ricardo Ffrench-Davis, "As políticas de ajuste e suas repercussões sócio-econômicas", op. cit., p. 44.

Notas: a/ Média ponderada para as 25 cidades de maior tamanho de populaçã da América Latina

b/ Média simples dos dados para Argentina, Brasil, Colômbia, Costa Rica, Chile, México, Panamá, Paraguai, Peru, Uruguai.

c/ Média simples dos dados para Argentina, Brasil, Colômbia, Costa Rica, Chile, Equador, El Salvador, Guatemala (para 1987), Haiti, Honduras, México, Panamá, Paraguai, Peru, República Dominicana, Uruguai, Venezuela.

Os números do quadro e do gráfico acima revelam que uma parte expressiva da população latino-americana é constituída por "párias", no sentido atribuído por Hannah Arendt a esse termo;[10] situados à margem do mercado formal de emprego, esses "párias" se tornam "supérfluos" no âmbito do paradigma econômico vigente, passando assim a viver mais no "estado da natureza" — ou seja, sem leis garantidas em sua universalidade, ficando por isso à mercê das inúmeras formas de violência física, simbólica ou moral — do que no "estado civil", fundado no império da lei, na segurança jurídica e no direito a ter direitos. Condenados à marginalidade sócio-econômica e, portanto, à fome, ao trabalho muitas vezes escravo, à exploração e a condi-

10 .Ver, nesse sentido, *The Human Condition*, Chicago, Chicago University Press, 1958.

ções "hobbesianas" de vida, esses amplos segmentos miseráveis, indigentes e pobres da população jamais aparecem, no continente, como portadores de direitos subjetivos públicos nem como "sujeitos de direito" enquadrados nas garantias fundamentais e nas liberdades estabelecidas pela ordem constitucional. Dela excluídos em termos concretos, seja por falta de leis complementares regulando os dispositivos normativos relativos à assistência social, seja pela crônica ineficácia dos serviços governamentais de assessoria legal, o que evidentemente limita seu acesso aos tribunais, tais segmentos aparecem apenas como "necessitados" ou "hipo-suficientes", isto é, como contingentes sociais invisíveis juridicamente, cujo único "direito" possível é o agradecimento, a reverência e a submissão pelas eventuais concessões beneméritas do Estado.

Para estes segmentos, afinal, qual é o significado do direito à propriedade se não dispõem de condições efetivas para se tornar proprietários? Do mesmo modo, qual o sentido do direito à livre iniciativa se não dispõem de terras para cultivar? O que representa o direito à inviolabilidade do lar para aqueles que, nas favelas, nos guetos e nas periferias, têm seus barracos, cortiços e casas invadidos pela polícia e presos sem ordem judicial? Qual é o alcance do direito à livre expressão para quem não dispõe dos meios necessários — educação básica, por exemplo — para se expressar? Que significado tem a divisão dos poderes para os que não dispõem de meios financeiros para o acesso à Justiça, ficando à mercê dos tão degradados serviços gratuitos de assistência judiciária? Como é possível que os "excluídos" respeitem as leis se muitos daqueles cuja responsabilidade é defendê-las as desrespeitam sistematicamente e impunemente? Que credibilidade têm as leis e os códigos quando muitas de suas normas são editadas e reeditadas conforme os interesses conjunturais do poder econômico? Que validade têm textos constitucionais que concedem direitos impossíveis de serem reconhecidos ou concretizados, por ausência de leis regulamentares destinadas a torná-los eficazes em termos tanto formais quanto materiais?

De fato, como se depreende do que já foi dito anteriormente, a ausência de um sentido mínimo de participação e solidariedade em sociedades com essas características compromete a formulação, implementação e execução de políticas públicas de curto, médio e longo prazo destinadas a equacionar esse quadro de "dualismos estruturais". Com a ruptura dos nexos mínimos de pertinência e solidariedade decorrente dessa fragmentação social, por via de conseqüência, o conceito de "justiça" tende a desaparecer da consciência coletiva e as relações de mando e obediência a se caracterizar por atos de força bruta cujo único parâmetro acaba sendo o próprio confronto entre "incluídos" e "excluídos". Nesse contexto explosivo inerente à experiência quotidiana de miséria e violência generalizada em quase toda a América Latina, os riscos de deterioração tanto dos padrões morais quanto dos marcos legais são o de um crescente desprestígio da própria democracia tão arduamente conquistada nos anos 80 e o de um subseqüente esvaziamento de seu significado como valor fundamental — entre outros motivos porque o caldo de cultura de sociedades com identidades coletivas ameaçadas invariavelmente propicia as condições "ideal-típicas"[11] para um populismo desenvolvido e cultivado em nome do restabelecimento de um "sentido de ordem" e da restauração de um "sentimento de comunidade".

Fabricado por artífices capazes e habilidosos no manuseio das técnicas produtoras de ficção política, recriando a linguagem para lhes atribuir funções inéditas com o objetivo de produzir certos efeitos e estimular reações de amor, ódio, paixão, desprezo, disciplina, respeito e subserviência, o populismo hoje emergente na América Latina revela a dialética perversa dos ambiciosos programas de estabilização monetária e "modernização econômica" que, desde o final da década passada, têm sido adotados no continente. Procurando inserir-se na dinâmica do processo de globalização da economia e da especialização flexível da produção, os governos latino-americanos vêm promovendo ajustes estruturais que *(a)* aumentam a fragmentação social, em vez de neutralizá-la; *(b)* enfraquecem as empresas nacionais, com a abertura das fronteiras econômicas aos fluxos do capital internacional; *(c)* reduzem as dimensões das plantas industriais como fontes geradoras de emprego, a partir da substituição do paradigma "fordista" pelo novo paradigma tecnológico-industrial; e *(d)* acentuam a marginalidade econômica dos segmentos sociais menos organizados, por causa das políticas ortodoxas de estabilização da moeda forjadas com

11. O conceito de "tipo ideal" é aqui utilizado no sentido dado por Max Weber a esse termo. Em termos metodológicos, o "tipo ideal" corresponde a um processo de construção conceitual que abstrai de fenômenos concretos o que existe, expondo como se desenvolvem formas específicas de ação social. O tipo ideal é um vazio de conteúdo real, consistindo em pautas de contratação que permitem os fenômenos sociais na sua relatividade; o tipo ideal não é uma hipótese ou proposição que pode ser classificada como verdadeira ou falsa, mas apenas como válida ou inválida conforme sua utilidade para a compreensão significativa dos acontecimentos. Ver, nesse sentido, Max Weber, *Economia y Sociedad*, México, Fondo de Cultura Económica, 1977, e *Teoria das Ciências Sociais*, Lisboa, Presença, 1974.

base na racionalidade técnico-instrumental subjacente ao "consenso de Washington".[12]

Nas experiências de "modernização" e ajuste econômico que seguiram estritamente as diretrizes programáticas desse "consenso" e, na visão de seus ideólogos, até agora deram "certo", como as registradas na Argentina, Bolívia, Chile e Venezuela, cujos governos se destacaram por impor controles rígidos de gastos públicos, promover a privatização de empresas estatais e de serviços governamentais básicos, liberar preços, extinguir o protecionismo comercial, suprimir restrições ao capital internacional e cumprir rigorosamente o cronograma de pagamentos da dívida externa, provocando assim o aumento do desemprego, uma significativa redução dos níveis salariais e uma acentuada deterioração na qualidade dos serviços de educação e saúde, as distâncias sociais e setoriais não se limitaram a aumentar; elas também modificaram o perfil da diferenciação social, dando lugar a uma heterogeneização que se caracteriza por um enfraquecimento progressivo das formas associativas clássicas — entre elas, as organizações sindicais, os movimentos populares, as associações comunitárias, as entidades religiosas e os próprios centros de defesa dos direitos humanos. Verifica-se aí, no plano interno de cada país latino-americano, o mesmo fenômeno já apontado no plano externo: crescente integração transnacional do mundo resultando na desintegração nacional; a restruturação da economia internacional segmentando as sociedades nacionais, ao criar circuitos e mercados fechados entre si; a es-

12. Forjada no plano teórico a partir da convergência de autores como o liberal clássico Friedrich Hayek, o monetarista Milton Friedmann e os teóricos da escola pública James Buchanan e Mancur Olson, e temperada com o pragmatismo típico dos economistas que trabalham nas grandes organizações burocráticas, o "Consenso de Washington" é a opinião partilhada pelo Departamento do Tesouro, pelo Federal Reserve e pelo Departamento de Estado dos Estados Unidos, pelos ministérios das finanças dos demais países do Grupo dos Sete e pelos presidentes dos vinte maiores bancos internacionais permanentemente ouvidos pelos organismos multilaterais. Esse "consenso" é constituído por dez reformas básicas: 1) disciplina fiscal para eliminação do déficit público; 2) mudança das prioridades em relação às despesas públicas, com a superação de subsídios; 3) reforma tributária, mediante a universalização dos contribuintes e o aumento de impostos; 4) adoção de taxas de juros positivas; 5) determinação da taxa de câmbio pelo mercado; 6) liberalização do comércio exterior; 7) extinção de restrições para os investimentos diretos; 8) privatização das empresas públicas; 9) desregulação das atividades produtivas; e 10) ampliação da segurança patrimonial, por meio do fortalecimento do direito à propriedade. Ver, nesse sentido, John Williamson, "What Washington means by policy reform", *in Latin American Adjustment: how much has happened*, Institute for International Economics, 1990.

pecialização da produção funcionando em cadeias e blocos divididos, embora economicamente interligados.[13]

Já nas experiências "modernizadoras" atualmente consideradas "problemáticas", como as ocorridas no México e no Brasil, ficou evidente que a restauração do "livre jogo de mercado" por si só não gera nem sustenta uma ordem social minimamente coesa. Apesar de terem seguido quase fielmente as diretrizes programáticas do "Consenso de Washington", nestes dois países os conflitos distributivos terminaram sendo mascarados por uma espiral inflacionária que permitiu a transferência dos custos sociais de maneira seqüencial, ou seja, dos setores mais fortes e articulados, que se valem dos mecanismos de indexação e das práticas centralizadas de formação de preços para antecipar a inflação futura, aos setores mais fracos, como as pequenas e médias empresas competitivas, que também asseguram o repasse da inflação já ocorrida, culminando com os setores mais frágeis e desorganizados, como os assalariados, incapazes de obter a correção de seus vencimentos na mesma proporção da desvalorização da moeda, provocando o aumento rítmico da concentração de renda e agravando, assim, o esgarçamento do tecido social. Além do problema da fragmentação social (que pode ser ilustrado pela emergência do "secessionismo" entre regiões, no Brasil, e pelas lutas emancipatórias de Chiapas, no México), estes países também viram malogrados seus esforços de integração na economia internacional; isto porque, em vez de obterem uma "integração sistêmica", ou seja, da sociedade como um todo, limitaram-se a conseguir uma inserção meramente setorial, isto é, ao nível de empresas, a maioria das quais com seus núcleos decisórios situados em nações mais adiantadas ou até mesmo em outros continentes.

4

Eis, em suma, o dilema latino-americano: para não se auto-condenar ao sucateamento e à degradação de suas estruturas produtivas, as nações do continente não podem alimentar a ilusão de permanecerem fechadas aos impulsos auto-regulatórios de uma economia globalizada; no entanto, as alternativas de que dispõem para a ampliação de seu nível de competitividade e para a elevação de sua presença nos

13. Ver, nesse sentido, Norbert Lechner, "A La busqueda de la comunidad perdida: los retos de la democracia en América Latina", in *Revista Internacional de Ciencias Sociales*, Barcelona, 1991, vol. 129.

mercados internacionais ameaçam a unidade nacional na medida em que aumentam o risco da desintegração social, aviltam a cidadania, monetarizam os valores políticos e culturais e minam as bases da democracia recém conquistada. Para funcionar sem o perigo dos retrocessos inerentes às explosões de populismo, o regime democrático depende de graus mínimos de igualdade substantiva — condição "sine qua" para a revitalização de um "sentimento de identidade coletiva". Em contextos sociais fragmentados, contudo, como compatibilizar a modernização impulsionada pela racionalidade técnico-instrumental do paradigma "pós-fordista" e por estruturas transnacionais de poder que esvaziam a autonomia decisória dos Estados nacionais na implementação das suas políticas cambial, monetária, fiscal e social com uma democracia capaz de ser algo mais do que um conjunto de regras e procedimentos balizando o processo político-decisório — uma democracia também concebida como um valor universal em termos de reciprocidade, dignidade e solidariedade?

Há, evidentemente, um certo ceticismo no modo como a questão acima foi colocada. Tal ceticismo, todavia, não deve ser entendido como uma desistência da luta pelo reconhecimento e pela efetivação dos direitos humanos, por se considerá-la inviável *a priori*. Ao contrário do otimismo idealista e das antinomias muitas vezes presentes nas tradicionais declarações de direitos,[14] o pessimismo da razão permite superar

14. Veja-se, nesse sentido, os três tipos de direitos constantes da Declaração da ONU de 1948: os direitos e liberdades civis; o direito de participar do governo, direta ou indiretamente, por meio da escolha de representantes; e os direitos econômicos e sociais. As duas primeiras categorias de direitos remontam aos séculos XVII e XVIII, consistindo nos principais objetivos das revoluções inglesa, francesa e americana. A última categoria é mais recente, surgindo na ação de alguns grupos socialistas, no século XIX, impondo-se no século XX após a Segunda Guerra. Os direitos e liberdades civis são, basicamente, direitos contra o Estado, reivindicando liberdades individuais que ele não pode invadir; já os direitos políticos são direitos de participar do *controle* do Estado; os direitos econômicos e sociais, finalmente, reclamam benefícios a serem garantidos e oferecidos *pelo* Estado, seja pela legislação, seja pela prestação de determinados serviços, seja pelo fornecimento de uma renda complementar. "Nenhuma das três categorias é necessariamente, em todas as circunstâncias, incompatível com uma das demais, ou com ambas", afirma C.B. Macpherson. "Em certas circunstâncias, podem até reforçar-se mutuamente. Já em outras, muito mais freqüentes, algumas delas serão, ou parecerão ser, incompatíveis com as demais (...). Embora não haja discrepância lógica entre o direito civil à propriedade e os novos direitos econômicos e sociais, existe uma real incompatibilidade entre o direito de propriedade capitalista e esses novos direitos. Os defensores do direito à acumulação do capital privado estão certos quando afirmam que esse direito vem sendo ameaçado pelos novos direitos econômicos e sociais", uma vez que seu "cumprimento faria diminuir a taxa de acumulação de capital". Cf. "Os direitos humanos em fins do século XX", in *Ascensão e Queda da Justiça Econômica*, São Paulo, Paz e Terra, 1991, pp. 37-52.

visões a meu ver algo simplórias, limitadas e banalizadas dos direitos humanos, abrindo desta maneira caminho para novas formas de luta em sua defesa. Deixando-se de lado as concepções jusnaturalistas tradicionais (que, ao operar por categorias trans-históricas e essencialistas, visam converter diferentes formas de poder, e hierarquia na "ordem natural das coisas") e as conhecidas concepções jurisdicistas (que sofrem de contradições crônicas a serem examinadas mais à frente), os direitos humanos encarados numa perspectiva mais política ou substantiva do que jusnaturalista clássica ou lógico-formal possibilitam ações sempre incertas quanto à obtenção de resultados concretos no curto prazo, tendo em vista sua formalização legislativa, mas potencialmente desafiadoras e efetivamente transformadoras a médio e longo prazo. Como sua própria história revela, nas sociedades divididas em classes e num mundo dividido em nações pobres e países ricos, os direitos humanos encarados numa perspectiva essencialmente política, ou seja, como promessa emancipatória ou como palavra de ordem libertária, quase sempre consistem numa ameaça à ordem estabelecida. Já a tendência das concepções jurisdicistas, que costumam atrelar os direitos humanos à formalização das relações capitalistas, é desideologizá-los, definindo-os (a partir de uma visão descontextualizada e ahistórica) como direitos individuais, abstratos e reificados, com pretensão de universalidade, e os protegendo com determinadas garantias formais e salvaguardas jurídicas.

Em quase todas as nações latino-americanas, que se destacam pela forte influência do formalismo jurídico em sua cultura política, e, conseqüentemente, pela ênfase a uma "justiça estática", em detrimento de uma "justiça dinâmica",[15] afirma-se que a democracia só é garantida quando os direitos humanos são inscritos numa constituição. Na prática, porém, sua reiterada afirmação nos textos constitu-

15. A "justiça estática" corresponde à capacidade de julgar de modo uniforme, segundo regras dadas e aceitas; "justiça dinâmica" corresponde à capacidade de julgar essas regras de maneira preferencial, favorecendo-se os desfavorecidos ou, então, propondo-se a modificação das normas vigentes; ela é, nesse sentido, uma justiça distributiva, que permite pôr em questão a apropriação e a divisão dos recursos coletivos e dos fundos sociais comuns. A "justiça estática" é de caráter exclusivamente formal, significando, como afirma Heller, "a aplicação consistente e contínua das mesmas normas e regras a todo e a cada um dos membros de um grupo social aos quais se aplicam as normas e as regras". A "justiça dinâmica" é de natureza substantiva, consistindo no "processo pelo qual normas e regras sociais e políticas (validamente) existentes são testadas, questionadas e invalidadas, e, simultaneamente, normas e regras sócio-políticas alternativas são validadas". Cf. Agnes Heller, *Beyond Justice*, Oxford, Basil Blackwell, 1991, pp. 5 e 247.

cionais não tem sido a garantia necessária e suficiente de sua efetividade. Embora as concepções jurisdicistas enfatizem que os direitos humanos devam ter a mesma força normativa da própria constituição, ou seja, um valor superior ao das leis ordinárias, isto nem sempre acontece. Por que? Porque os direitos humanos correm o risco de serem pervertidos no exato momento em que são "institucionalizados" juridicamente. Concebidos historicamente como um mecanismo de proteção dos cidadãos contra o arbítrio do Estado, eles podem ser esvaziados na medida em que é o próprio Estado que os regulamenta. "Há sempre, quando se invoca a proteção dos direitos humanos, uma situação de desequilíbrio estrutural de forças: desequilíbrio essencial e não contigente ou acidental, por essência e não por "accidens". A vítima da violação, seja um indivíduo ou um grupo, é permanente e estruturalmente subordinada ao autor da violação, visto que a violação parte de uma organização que reúne meios de forma permanente, capazes de violar continuamente a dignidade mesma da vítima ou de outras em posição semelhante".[16]

Dito com outras palavras, mas chegando-se às mesmas conclusões: como os direitos humanos são sempre inseparáveis de sua garantia, segundo as concepções jurisdicistas, e como essas garantias são tradicionalmente por elas concebidas na perspectiva de limitações normativas impostas pelo poder constituinte ao poder público, na realidade eles acabam tendo condições de funcionar somente a partir do próprio poder público. É por causa desse paradoxo que o desafio da concretização dos direitos humanos na América Latina exige a superação das concepções jurisdicistas em favor de práticas políticas comprometidas *(a)* com a reconstrução ética dos vínculos sociais, *(b)* com a condição de "dignidade humana" a ser incorporada no universo normativo-institucional, *(c)* com a desalienação "técnica" (dada a distância entre a vida quotidiana, apreensível pelo homem comum, e a complexidade das decisões governamentais, exigindo conhecimentos altamente especializados e gerando, assim, um crescente cinismo em torno da vida política), e *(d)* com a substituição dos "cidadãos-servos" (os sujeitos formais

16. Cf. José Reinaldo de Lima Lopes, "Direitos humanos: compreensão teórica de sua história recente", in *Revista de Informações Legislativas*, Brasília, n. 95, p. 13. Ver, também, "Justiça e Poder Judiciário ou a virtude confronta a instituição", São Paulo, Mímeo, 1994. Ver, Juan-Ramon Capella, *Los ciudadanos siervos*, Madrid, Trotta, 1993; e a provocativa análise teórica de Issa G. Shivji em *The concept of human rights in África*, London, Codesria Book Series, 1989.

de direito que não dispõem de poder substantivo) por "cidadãos plenos" (capazes de influir nas decisões fundamentais relativas à organização da vida econômica e à construção dos lugares da convivência social).

Há um certo caráter utópico nessa proposta, é certo. Mas a utopia tem aqui uma conotação mais precisa do que aquela inerente ao seu sentido comum: "projeto irrealizável; quimera; fantasia". Ela deve ser entendida como a construção de mundos impossíveis destinados a iluminar a formação e a conquista de mundos possíveis; como um "horizonte de sentido" para as práticas políticas e para o alargamento dos espaços públicos da palavra e da ação, como a exploração de novas possibilidades e vontades "em nome de algo radicalmente que a humanidade tem direito de desejar e por que merece a pena lutar".[17] Originando-se nas condições históricas e materiais em que se encontram os segmentos sociais marginalizados, a utopia assim entendida é a possibilidade do diverso e do original, identificando o que falta ou o que não se fez nas organizações sócio-econômicas e político-institucionais de onde nascem a opressão, a exploração e a degradação da dignidade humana.[18] Nesta perspectiva, a utopia é "a metáfora de uma híper-carência formulada ao nível a que não pode ser satisfeita": o mais importante, nela, não é o que diz sobre os valores a serem realizados no futuro, mas, isto sim, "a arqueologia virtual do presente que a torna possível; paradoxalmente, o que é importante nela é o que nela não é utopia".[19] Como elemento constitutivo da realidade presente, a utopia se traduz em objetivos históricos e recebe dessa perspectiva concreta sua eficácia emocional e sua radicalidade revolucionária. O possível será então concebido como a transição rumo a uma meta ainda não possível, mas finalmente factível. "Ao postular a

17. Cf. Boaventura Santos, "O Norte, o Sul e Utopia", in *Pela mão de Alice: o social e o político na pós-modernidade*, op. cit., p. 278. Com base nesta definição, o autor afirma que a utopia é duplamente relativa: "por um lado, é uma chamada de atenção para o que não existe como (contra) parte integrante, mas silenciada, do que existe; pertence à época pelo modo como se aparta dela; por outro lado, a utopia é sempre desigualmente utópica, na medida em que a imaginação do novo é composta em parte por novas combinações e novas escalas do que existe".

18. Sobre a utopia como forma de luta e como limite de possibilidade humana, ver Franz Hinkelammert, *Crítica à Razão Utópica*, São Paulo, Paulinas, 1988. Nas concepções tradicionais, diz este autor, a utopia aponta os valores a serem realizados no futuro, de tal modo que sua concretização poria fim à história; tais concepções revestem a utopia de um certo fervor religioso no dia final da redenção; é preciso "secularizar" essas concepções de utopia, propõe Hinkelammert, revelando-a na sua dimensão constitutiva da realidade presente.

19. Cf. Boaventura Santos, "O Norte, o Sul e Utopia", op. cit., p. 279.

factibilidade da utopia, o presente não é senão uma ordem provisória que apenas tem valor enquanto ante-sala do futuro".[20]

Enquanto "horizonte de sentido", ou seja, direção na qual se caminha mas da qual o processo histórico não se aproxima necessariamente, a utopia revela-se assim crítica e denunciadora, partindo basicamente de onde se manifestam e onde costumam ser sentidas as limitações estruturais de um dado modelo de ordem social, econômica, política e cultural, em termos de justiça dinâmica e substantiva. Foi justamente essa concepção de utopia que, com todo seu potencial desafiador, tornou possível a conversão dos direitos humanos em instrumento fundamental de luta contra a censura à imprensa e a tortura dos presos políticos, nas épocas mais negras das ditaduras militares latino-americanos, nos anos 60 e 70; em instrumento de reivindicação de direitos de cidadania e liberdades públicas, quando os generais e seus tecnocratas, vendo erodidas suas bases de sustentação para a permanência no poder, nos anos 80, optaram pela "abertura lenta, gradual e segura" e "transição via transação"; em instrumento de afirmação dos direitos sociais, quando as nações do continente recém democratizadas iniciaram o processo de reconstrução de sua ordem constitucional. É também essa concepção de utopia que, desde os anos 90, vem estimulando certos segmentos da população latino-americana a incorporar na luta pelos direitos humanos a preservação de suas raízes culturais e valores específicos ameaçados de desaparecer pela homogeneização dos padrões de comportamento impostos pela globalização econômica. Do esforço pela proteção à integridade física dos presos políticos à reconquista de sua cidadania, passando pelo reconhecimento formal dos direitos sociais, das categorias economicamente oprimidas e marginalizadas, a luta pelos direitos humanos vem tendo como mola propulsora essa lógica utópica de resistência às formas explícitas, difusas e simbólicas de violência, opressão e exploração sempre presentes no cotidiano das sociedades latino-americanas.

Essa é a lógica que, a meu ver, deve alimentar a luta tanto pela universalização quanto pela efetivação dos direitos humanos nas condi-

20. Norbert Lechner, "El consenso como estratégia y como utopia", in *La conflictiva y nunca acabada construcción del orden deseado*, Santiago, Flacso, 1984, p. 193. Para uma análise do uso dessa noção de utopia "secularizada" pelos movimentos populares, no Brasil, ver José Reinaldo de Lima Lopes, "Direito, Justiça e utopia", e José Eduardo Faria, "Mitos e conflitos: os direitos humanos no Brasil", in *A crise do direito numa sociedade em mudança*, José Eduardo Faria org., Brasília, UnB, 1989. Ver, também, Melillo Dinis do Nascimento, "Direitos humanos e democracia: apontamentos para um outro jeito de caminhar", Recife, mímeo, 1993.

ções sócio-econômicas atuais da América Latina, agora passando do estágio da resistência à supressão de direitos, ou à sua sistemática violação, à etapa da conquista de poderes. Ou seja, à fase de formulação, implementação e execução de um projeto capaz de equacionar o dilema latino-americano tendo em vista o desenvolvimento econômico como fator quer de garantia da manutenção da democracia quer da expansão dos direitos fundamentais. Pelo que já foi exposto, fica claro que a universalização e a efetivação dos direitos humanos requer, necessariamente, tanto um freio no ímpeto da acumulação privada das riquezas quanto uma disciplina bem mais vigorosa dos sistemas abstratos da moeda e do poder econômico, como condição básica de proteção do "mundo da vida". Contraditoriamente, no entanto, como também já se afirmou, a dinâmica interna da nova ordem econômica internacional somente pode ser preservada (e continuar funcionando como "princípio normativo e ordenador" da vida social) se estiver plenamente desembaraçada das intervenções e dos limites que podem surgir a partir das diferentes demandas oriundas do "mundo da vida", em cujo interior as liberdades dos indivíduos se exercem concretamente.[21] O conflito entre esses dois imperativos categóricos excludentes afeta o espaço público, as diferentes formas de ação política e o próprio alcance da democracia, enquanto instância privilegiada de regulação e coordenação da vida social, uma vez que somente neste âmbito é que a autonomia do "mundo da vida" tem condições de se afirmar contra as pretensões de domínio dos sistemas da moeda e do poder.

5

Diante desse conflito, a América Latina hoje se encontra numa situação que, guardadas as devidas proporções e singularidades, permite lembrar aquela em que se encontrava a Europa nas décadas de 20 e 30, quando as mudanças econômicas provocaram a erosão das estruturas de poder então vigentes, fundadas no equilíbrio entre as

21. Ver, nesse sentido, Jurgen Habermas, "The normative content of modernity", in *The Philosophical Discourse of Modernity*, Cambridge, Polity Press, 1987; Paul Piccone et alii, "Does Critical Theory have a future?", in *Telos*, New York, 1990, n. 82; e Ben Agger, "The dialetic of deindustrialization: an essay on advanced capitalism", in *Critical Theory and Public Life*, John Forester org., Cambridge, The MIT Press, 1985. Ver, também, Juan-Ramón Capella, *Los ciudadanos siervos*, op. cit.

potências, no automatismo monetário do padrão-ouro, no mercado auto-regulado e no Estado liberal, exigindo novas formas de interrelação entre os sistemas sociais, culturais e produtivos e novas formas de institucionalização político-jurídica. Como criar e desenvolver essas formas originais e inéditas no continente, conciliando a racionalidade técnico-instrumental dos processos de modernização econômica com a racionalidade normativa dos processos de modernidade político-jurídica? Como pode a sociedade latino-americana autodeterminar sua ordem coletiva, em termos de engenharia institucional, diante de um processo "transnacional" de modernização que compromete a soberania de seus Estados e torna obsoletos seus instrumentos tradicionais de ação, gestão, controle e planejamento?[22] Eis aí, em termos esquemáticos, o desafio para a universalização e para a efetivação dos direitos humanos na América Latina, neste momento histórico em que o lugar, as funções e o campo de competências da política vêm sendo redefinidos e redimensionados.

Herdeiras da teoria política liberal clássica, as tradicionais concepções jurisdicistas de direitos humanos tendem a circunscrevê-los aos limites estritos do poder do Estado. O dilema latino-americano, todavia, entreabre as relações de poder situadas fora do âmbito estatal, ou seja, aquelas existentes nos demais contextos da vida social, destacando-as como "espaços de democratização" — o que exige uma visão do campo da política muito mais ampla do que a propiciada pela teoria liberal clássica. "As nossas práticas sociais, do mesmo modo que constituem configurações de juridicidades, constituem também configurações de poderes, de patriarcado, de exploração, dominação e troca desigual, e o privilégio concedido a uma dessas formas de poder depende, tal como no caso do direito, das relações privilegiadas da prática concreta com o respectivo contexto estrutural. Considerado isoladamente, nenhuma dessas formas de poder é política. Política são as redes ou as configurações de poderes, criadas e recriadas nas relações sociais".[23]

Lutar pela universalização e pela efetivação dos direitos humanos significa, dessa maneira, formular, implementar e executar pro-

22. Cf. Norbert Lechner, "Responde la democracia a la busqueda de certidunbre?", in *Los patios interiores de la democracia: subjetividad y politica*, Santiago, Fondo de Cultura Económica, 1990; e "A la búsqueda de la comunidad perdida: los retos de la democracia en America Latina", op. cit., e também, Luis Gonzaga Belluzzo, "Economia, Estado, Democracia", in *Lua Nova*, São Paulo, Cedec, 1993, n. 29.

23. Cf. Boaventura Santos, "La transición postmoderna: derecho y politica", in *Doxa*, Alicante, Seminario de Filosofia del Derecho de la Universidad de Alicante, 1989, n. 6, p. 250.

gramas emancipatórios no âmbito dessas redes ou configurações de poderes — programas esses cujo valor básico é o "sentimento de civilidade" em que se fundamenta a idéia mesma de comunidade. Segundo essa idéia, o que articularia uma totalidade ética, fazendo do conjunto de indivíduos uma "comunidade", não é o sistema jurídico-positivo, porém uma conexão muito mais profunda, que tem suas raízes no "espírito do povo", do qual o sistema jurídico-positivo é apenas e tão somente uma de suas manifestações. Invocar o "sentimento de civilidade", portanto, é fazer algo mais do que exigir o império da lei; é, para além disso, promover a extensão da cidadania do plano político-institucional para os demais planos econômico, social, cultural e familiar, mediante o reconhecimento dos direitos dos indivíduos de influir nos destinados globais da coletividade.

Fora do plano estrito da política institucional, as relações sociais atualmente se caracterizam por um poder estigmatizado pela não reciprocidade, ou seja, pela instrumentalização dos homens denunciada por Marx, em passagens clássicas, no sentido de que, "na produção social de sua existência", eles "estabelecem relações necessárias, independentes de sua vontade, relações de produção que correspondem a um determinado grau de desenvolvimento das forças produtivas materiais".[24] A reciprocidade, ou seja, o reconhecimento do "outro" como homem livre e igual, permitindo que a pluralidade de cidadãos se constitua como uma ordem coletiva baseada em padrões mínimos de respeito, confiança e lealdade exige uma nova percepção das relações sociais através da substituição da ética utilitária e da razão instrumental inerentes ao individualismo possessivo pela co-responsabilidade, pela cooperação e pela solidariedade. Isto é, pelo "sentimento de civilidade" acima mencionado, o que faz dos valores da justiça e da fraternidade o eixo central da consciência coletiva, convertendo a reciprocidade no ideal de emancipação democrática, na medida em que todos os cidadãos passam a ser responsáveis, no exato limite da liberdade, pelos benefícios ou malefícios de cada ação social.

Esse não é um cenário em que todos precisam partilhar, obrigatoriamente, os mesmos projetos e as mesmas aspirações, mas, isto sim, em que cada um, agindo a partir de atitudes conscientes e qualitativamente diferenciadas, consegue atuar de modo ativo no processo de construção de uma cidadania plena, constituída tanto na obrigação política vertical entre os cidadãos e o Estado quanto na obrigação política horizontal

24. Cf. Karl Marx, *Contribuição à crítica da economia política*, São Paulo, Martins Fontes, 1977, prefácio.

dos próprios cidadãos entre si. "A construção de uma ordem democrática", afirma um arguto observador da vida política latino-americana, "não é um projeto histórico que possa ser deduzido da utopia do consenso. Por definição, o possível não pode ser circunscrito de antemão. A utopia somente oferece um critério de discernimento. Não permite pensar e atuar sobre a realidade sob o critério do melhor possível à luz do consenso. Por meio da comunidade ideal (não factível) enfocamos o real em termos da melhor comunidade possível — mas sem poder definir positivamente o que é a melhor comunidade possível. Ao conceber a ordem possível sob o ponto de vista da melhor comunidade possível, estamos usando o consenso como critério de seleção para descartar aquelas possibilidades de ordem que não descansam no princípio da comunidade e, em particular, do reconhecimento recíproco. Quer dizer, realizamos uma determinação negativa da ordem desejada: fixar os limites do dissenso".[25]

A possibilidade de efetuar interpretações alternativas da realidade existente, entreabrindo a importância da dimensão cultural no processo de construção de uma cidadania plena, é, nesta linha de raciocínio, uma das principais características do princípio da reciprocidade. No caso específico dos direitos humanos, tal possibilidade permite ultrapassar os limites das tradicionais concepções jurisdicistas que ainda parecem animar muitos grupos e movimentos sociais dispostos a resistir quer à violação das garantias básicas dos cidadãos quer ao impacto desmobilizador e despolitizador da racionalidade técnico-instrumental inerente ao paradigma "pós-fordista".[26] Diante da tendência dessas concepções de situar os direitos humanos basicamente num único plano, o político-institucional, e de obter um consenso difuso quanto aos seus valores e objetivos, graças aos seus conceitos vagos,

25. Cf. Norberth Lechner, "El consenso como estrategia y como utopia", op. cit., p. 197.

26. O apego às concepções jurisdicistas por parte desses grupos e movimentos tem uma explicação lógica. Com o fim das ditaduras militares e com o advento da democratização, os sujeitos passivos das violações dos direitos humanos deixaram de ser os membros das classes médias (como os intelectuais, os artistas, os jornalistas, os advogados, etc), concentrando-se, desde então, entre os segmentos marginalizados da população. Sem dispor de capacidade de articulação e meios financeiros para bater nas portas dos tribunais buscando concretizar judicialmente direitos assegurados pela ordem constitucional, eles ficam na dependência, para o exercício de sua cidadania, dos serviços técnico-profissionais de assistência jurídica prestadas por esses grupos e movimentos. Sobre o desempenho, a natureza e o alcance desses serviços ver Celso Campilongo, "Acesso à Justiça e formas alternativas de resolução de conflitos", in *Revista Forense*, Rio de Janeiro, 1991, vol. 315.

indeterminados e supra-classistas, torna-se difícil hierarquizar as prioridades, identificar os inimigos e organizar as lutas concretas destinadas a estender, a ampliar e a adensar a ação política em todos os espaços estruturais das práticas sociais.

Valorizando novas pautas hermenêuticas para a interpretação da realidade sócio-econômica, as concepções não-jurisdicistas vão muito além da simples denúncia da ilusões homogeneizadoras que permitem à sociedade representar-se sob a imagem de uma ordem funcionalmente integrada, unívoca e coesa. Elas recolocam a idéia de justiça no centro das discussões — não mais uma justiça abstrata, fundada em critérios metafísicos ou transcendentes, porém uma justiça "in fieri", ou seja, pensada com base em situações concretas e com perspectivas históricas específicas. Elas também identificam os direitos individuais e os direitos sociais com o "direito à eclosão de conflitos", procurando dessa maneira impedir que protestos e demonstrações de indignação sejam negados e desequilibrados nos subterfúgios de uma harmonia de leis destinadas a satisfazer, em sua essência, o desejo de servidão e passividade. E enfatizam, ainda, a importância da reciprocidade como um processo que permite combinar formas individuais com formas coletivas de cidadania, transformando e ampliando o conceito ao criar condições para a formação de poderes sociais capazes de se contrapor ao poder privado e particularista do capital, compensando assim a erosão da soberania dos Estados nacionais na nova ordem econômica internacional.

Em suma: apesar das enormes dificuldades apontadas ao longo desta páginas quanto à sua concretização, num momento em que os imperativos da expansão econômica e da plenitude democrática se apresentam como pólos opostos e excludentes e em que o mapa cognitivo da política contemporânea encontra-se em fase de reformulação, os direitos humanos continuam sendo um critério bastante forte para conquistar a adesão imediata de tantos quanto sintam o chamamento histórico para a revitalização da liberdade e da dignidade humana; por esse motivo, limitá-los ou confiná-los apenas à esfera das instituições políticas governamentais e/ou aceitar como inexoráveis as razões, os poderes e as prescrições que vão expandindo a racionalidade técnico-instrumental da nova ordem econômica internacional é deixar os homens à mercê de engrenagens burocráticas públicas ou privadas, reduzindo-os apenas e tão somente ao status de "incluídos" (e, por conseguinte, meros "cidadãos-servos") numa economia globalizada e flexibilizada ou de "excluídos" (e, por conseqüência, vivendo como "párias", sem condições materiais para exercer e usufruir os direitos mais elementares consagrados pelas leis, pelos códigos e pelas constituições em vigor).

Concluindo, esse é o motivo pelo qual não basta estabelecer um elenco de valores, assegurar-lhes as devidas garantias jurídicas e estabelecer o controle difuso da observância dos direitos humanos pelos tribunais singulares. Como os direitos tradicionais da cidadania consistem em fonte de legitimidade formal, mas não de poder substantivo, é preciso desenvolver novas formas de participação política e diferenciar as lutas democráticas — formas e lutas capazes de desmascarar as relações de poder ocultadas por trás das necessidades "naturais" do paradigma "pós-fordista", convertendo-as em relações de autoridade partilhada. Por causa do caráter "utópico" dessas formas e dessas lutas é que a universalização e a efetivação dos direitos humanos vivem hoje uma situação paradoxal — quanto mais são afirmados, mais são negados; como se caracterizam por reivindicar o não-estabelecido, apontando um "horizonte de sentido" para os defensores da dignidade do homem livre e emancipado, os direitos humanos abrem-se para o século 21 como uma simples interrogação, jamais como certeza.

00729

GRÁFICA PAYM
Tel. (11) 4392-3344
paym@terra.com.br